日本の遺跡47

荒屋遺跡

沢田　敦 著

同成社

荒屋遺跡遠景（1989年、東より）

荒屋遺跡第３次調査区遺構検出状況

さまざまな石器資料

1～6：荒屋型彫刻刀、7・8：掻器、9：尖頭器、10～12：細石刃
※スケールは10～12のみ実物大。その他は次頁も含めすべて1/2。

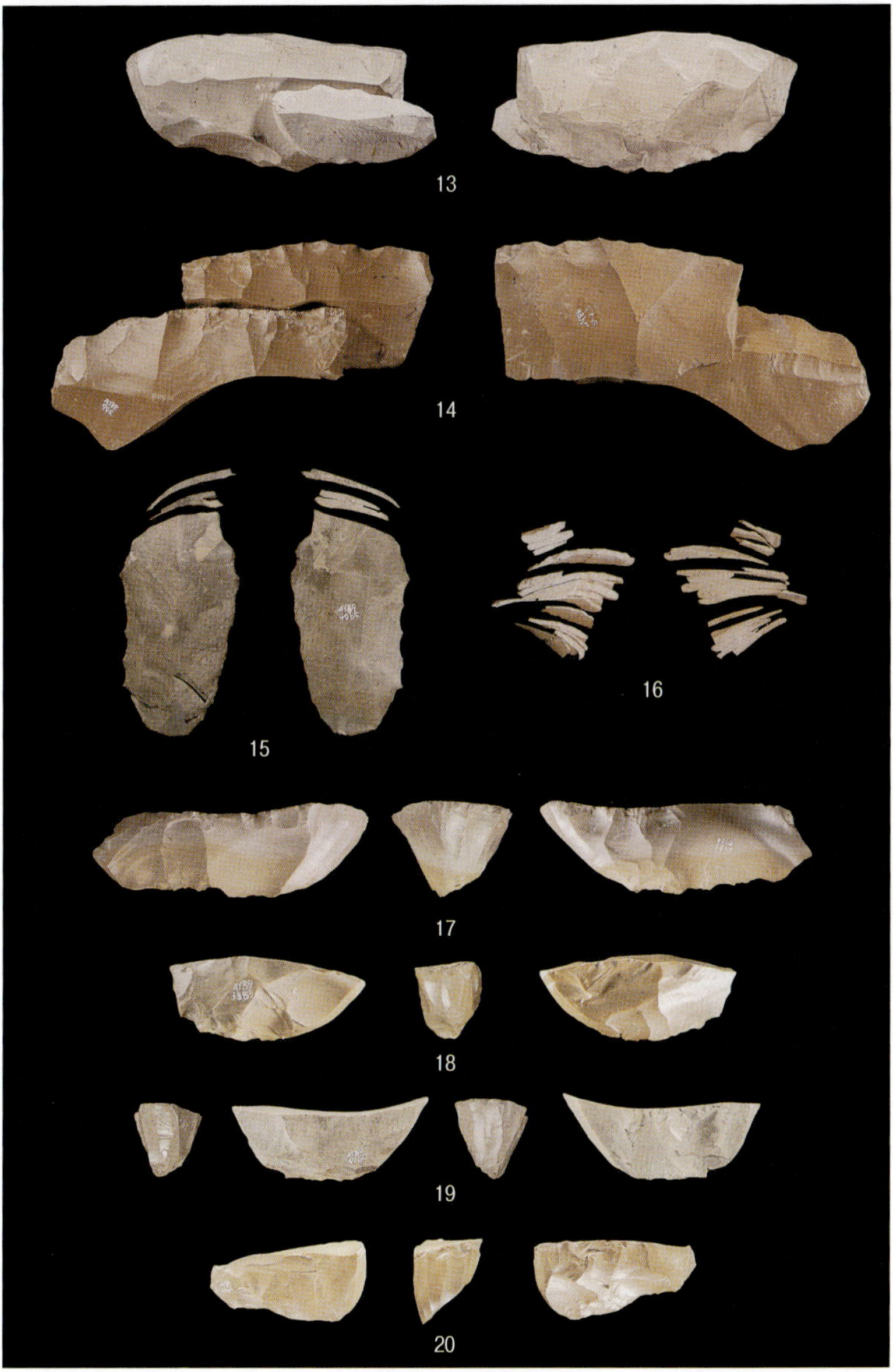

13：接合資料（細石刃核・彫刻刀・剥片）、14：接合資料（ファーストポール・スキー状スポール）、15：接合資料（彫刻刀・彫刻刀削片。同一母岩資料）、16：接合資料（彫刻刀削片。同一母岩資料）、17～20：細石刃核

竪穴住居状遺構検出状況
（南より）

竪穴住居状遺構内検出
炉跡完掘状況（南より）

土坑 7 遺物出土状況

※写真はすべて
報告書より。

目　次

カバー写真 荒屋遺跡出土の典型的な荒屋型彫刻刀

装丁 吉永聖児

荒屋遺跡

語りの前に

荒屋《あらや》遺跡は本州島の日本海側中央やや北寄りの新潟県長岡市西川口（旧川口町）にあり、山梨・埼玉・長野県境の甲武信ヶ岳に源流を発する全長三六七キロの日本最長の河川である信濃川と、新潟・群馬県境の谷川岳西麓を水源とする水量の豊かさと清流で知られた魚野川との合流点に面した河岸段丘上に立地する。

遺跡は、星野芳郎と井口通泰によって一九五七年の夏に発見された。その年の秋、星野と井口は当時旧石器時代研究の第一人者であった芹沢長介のもとに石器を持参して意見を求めた。持参された石器に細石刃や彫刻刀形石器（以下「彫刻刀」）が含まれていたことから、その重要性を認識した芹沢長介は、翌年の一九五八年に最初の発掘調査を行った（第一次調査）。そして、大量の細石刃《じん》、細石刃核《さいせきじんかく》、彫刻刀とその削片などが出土した。石器の出土量、とりわけ彫刻刀の出土点数は圧倒的であった。

細石刃石器群は旧石器時代終末に位置づけられ、日本列島における縄文時代の成立を研究するうえできわめて重要な位置をしめる。細石刃は長さ数センチ、幅数ミリの細長い剝片である。植刃器の刃部として骨製のシャフトの両側縁に溝を切って埋め込まれ、おもに槍先として使用されたと推定されている。細石刃石器群はこの細石刃を指標とするもので、一九五四年に長野県矢出川遺跡で日本列島における存在が確認された。荒屋遺跡の第一次発掘調査の頃には北海道の数遺跡、関東や瀬戸内、九州の遺跡など各地で存在が確認されていたが、その数はまだ多くはなかった。

荒屋遺跡出土の細石刃石器群を特徴づけたの

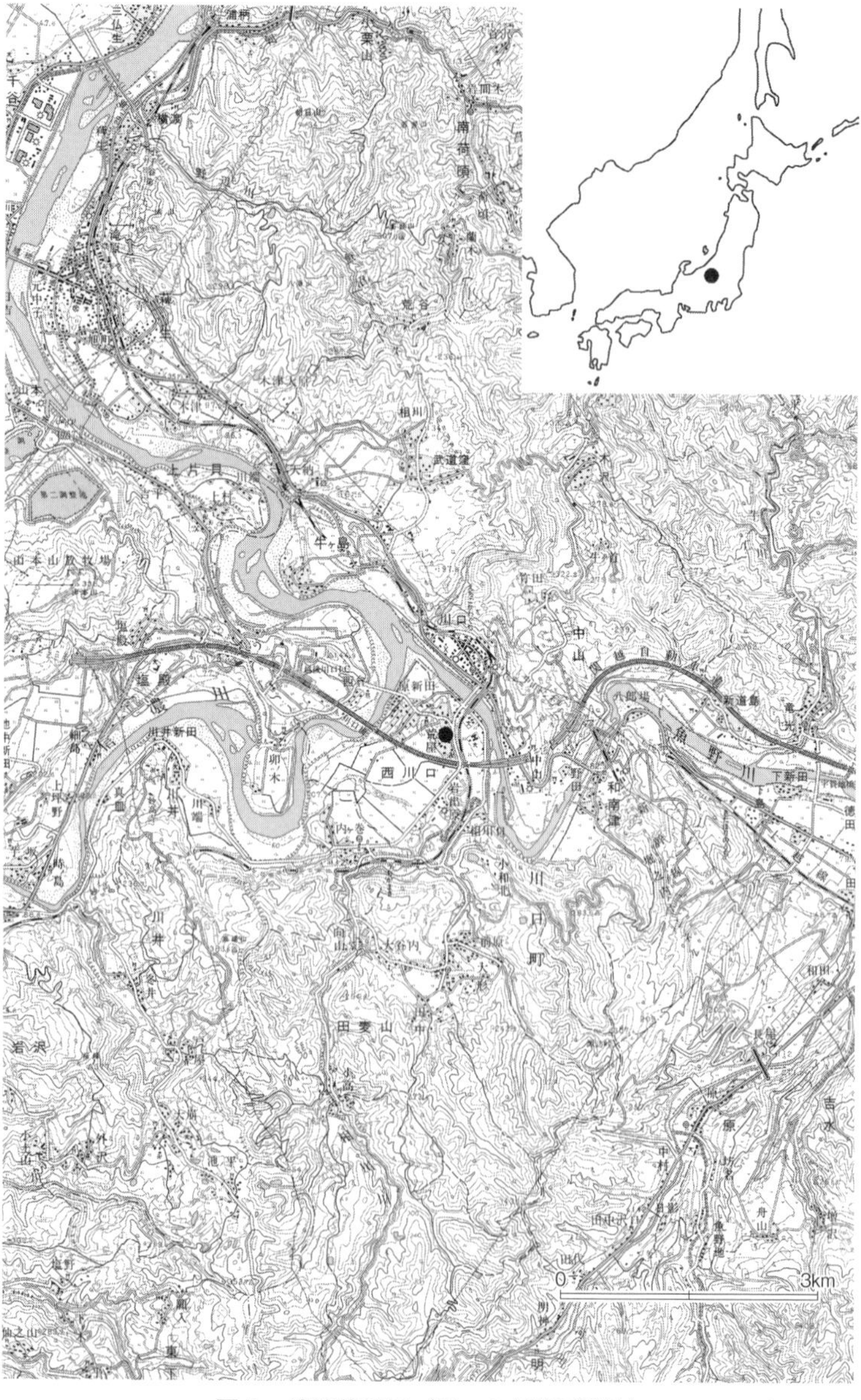

図1　遺跡位置図（黒マルが荒屋遺跡）

は、舟底形細石刃核と後に荒屋遺跡の名前をとって「荒屋型」と名付けられる特徴的な形態の彫刻刀形石器であった。当時、荒屋遺跡と北海道の遺跡では、この組み合わせが確認されていたが、矢出川遺跡の細石刃石器群は円錐形の細石刃核を特徴とし、細石刃製作技術と石器組成において両者は大きく異なっていた。そして、矢出川遺跡に代表される細石刃石器群は本州島南西部、九州島を中心に分布し、舟底形細石刃核と荒屋型彫刻刀の組み合わせは北海道島、本州島東北部からシベリア、沿海州、中国東北部、アラスカにいたる北アジアに広域に分布することがしだいにあきらかになっていった。後者はその分布域から北方系細石刃石器群とよばれている。

荒屋遺跡と類似する細石刃石器群が日本列島にまで分布を広げた要因としてサケ・マスを中心とする河川漁撈が指摘されている。信濃川と魚野川の合流点に面した河岸段丘先端という荒屋遺跡の立地も、遺跡の成立にヒトと川とのかかわりがあったことを推定させるに十分である。川口地区はその名前のとおり川と深くかかわりながら生活が営まれてきた地域である。サケを中心とした江戸時代の河川漁撈に関する記録も数多く残されている。なにより魚野川というその名前が、川の豊かなめぐみを物語る。荒屋遺跡は川口という地域における人びとの暮らしの根源を知るうえでもきわめて重要である。

荒屋遺跡の歴史的意義には二つの視点がある。一つは、北アジアにおける旧石器時代終末から初期新石器時代における人類の動向というマクロな地球規模ともいえる視点である。この視点は、最終氷期の末期から現在の温暖期への環境変化に対する人類の適応、モンゴロイドの拡散といった人類史上の重要な問題と深くかかわっている。

もう一つは、地域の歴史あるいは地域における人びとの暮らし、環境と人びとの生活との関係にもとづいた地域史の再構成というミクロな視点である。この視点は、現代に生きるわれわれにとって地域とは何か、物質文明が高度に発達した現代における地域の暮らしのもつ意味を問いかける。

荒屋遺跡は二〇〇四年二月二十七日国史跡に指定され、私たちはこの貴重な遺跡を子孫に残す責務を負うことになった。史跡指定されたことで、法の規制の下にその保存がはかられるわけではあるが、遺跡を保護し活用する主役は周辺に暮らす住民である。地域の住民が、自分たちにとっての歴史的意義や価値を理解してこそ、遺跡が保護される意味がある。

とはいえ、考古学的な成果から地域の歴史を構築するのは容易なことではない。とかく発掘調査の成果は、より広域の、しばしば全国的な視点で評価され伝えられがちである。大陸との関係や完新世適応という巨視的な視点でその意義が語られることの多い荒屋遺跡ではなおさらである。結果的に、本書もこうした巨視的な歴史に頁を費やしている。

しかし、歴史における大局と地域とは、同じ事象に対していかに光を当てるかという問題である。荒屋遺跡に対して、どのように川口の歴史という光をあてることができるのか、その意義、意味に触れられればと思う。

Ⅰ　荒屋遺跡をとりまく研究史

1　遺跡の発見と第一次発掘調査

(一) 発見から調査に至る経緯

新潟県長岡市在住の郷土史家星野芳郎は縄文時代最古の土器を求めて遺物採集を行っていたが、一九五七年八月二十七日川口町西川口荒屋の畑で剝片を採集した。それまでに採集してきた石器とは雰囲気の異なるその形状から、旧石器時代（当時はおもに「無土器時代」とよばれていた）のものであると直感したという。その後、星野は井口通泰と再度調査を行い、採集遺物を明治大学考古学研究室の芹沢長介のもとに持参して意見を求めた。同年十月二日のことである。

この四年前に長野県矢出川遺跡において、日本ではじめて細石刃石器群を発掘調査していた芹沢は、星野と井口が持参した石器が細石刃石器群のものであること、しかしながら、矢出川遺跡のものとは様子が異なることに気づいた。とくに、みごとな彫刻刀に興味をおぼえたという。芹沢は両氏に現地の案内を請い、十月十九日に遺跡を実見すると、さっそく発掘調査を計画したのである。

図2　第1次発掘調査風景（報告書より）

第一次発掘調査は、翌年の一九五八年四月二十九日から五月五日までの七日間にわたって実施された。芹沢が調査担当者となり、麻生優、戸沢充則、鈴木重美、野村崇、堀江良雄、小林達雄、相沢忠洋らが調査にあたった。このほかにも、鎌木義昌、加藤稔らが調査に参加した。その後、日本の旧石器時代の研究を牽引することになる錚々たるメンバーである。地元新潟からも星野、井口両氏のほか上原甲子郎、中村孝三郎、石沢寅次、十日町高校地歴部の生徒九人が調査に加わった。

鈴木重美による調査概要報告「越後川口町荒屋遺跡の発掘から」（『ミクロリス』第一六号、一九五八年）によると、調査はまず遺物の表面採集を行った後、調査区設定・地形測量が行われた。調査区は、遺跡中心域の南北一四《メートル》（北から南に1～7）・東西八《メートル》（東から西にA～D）に、二《メートル》方眼のグリッドを組んで設定され、このうちの一〇グリッド、計四〇平方メートルが調査された（図2参照）。

　調査は好天にめぐまれ順調に進み、細石刃、舟底形細石刃核、彫刻刀、石鏃形石器、石錐、尖頭器、掻器、礫器、扁平石核、彫刻刀削片など二〇〇〇点を超える石器が出土した。調査区北西隅のD1区では貯蔵穴と推定される土坑が確認され、B1区・B2区では住居跡の存在する可能性が推定された。調査隊は、多量の石器と旧石器時代の遺構という調査成果を手にして帰途についたのである。

　こうして、荒屋遺跡はきわめて豊かな内容をもった日本の細石刃石器群を代表する遺跡として知られるところとなり、研究者の関心を集めた。五〇年の年月を経た現在においても、第一次発掘調査がもたらした細石刃石器群の石器製作技術や石器組成、住居や土坑などの遺構、当時の生業や年代などにかかわる成果は色あせていない。

　第一次発掘調査の概要は、調査担当者の芹沢が「新潟県荒屋遺跡における細石刃文化と荒屋形彫刻刀について（予報）」（『第四紀研究』第一巻第五号、一九五九年）において略報している（以下、「一次略報」という）。以下、この記述にもとづいて遺構と年代測定、出土遺物の順に説明していこう。

（二）遺構と年代測定

　D1区で検出された土坑は、出土遺物とならんで第一次発掘調査成果の中核となるものである。直径約一メートル、深さ約七〇センチで、底面まで石器、石片が出土したとされている。さらに、ローム質砂層中に炭化物を含む黒色帯のレンズ状堆積を確認し、住居跡の存在を予想している。

旧石器時代の竪穴住居跡や土坑など掘込みのあ

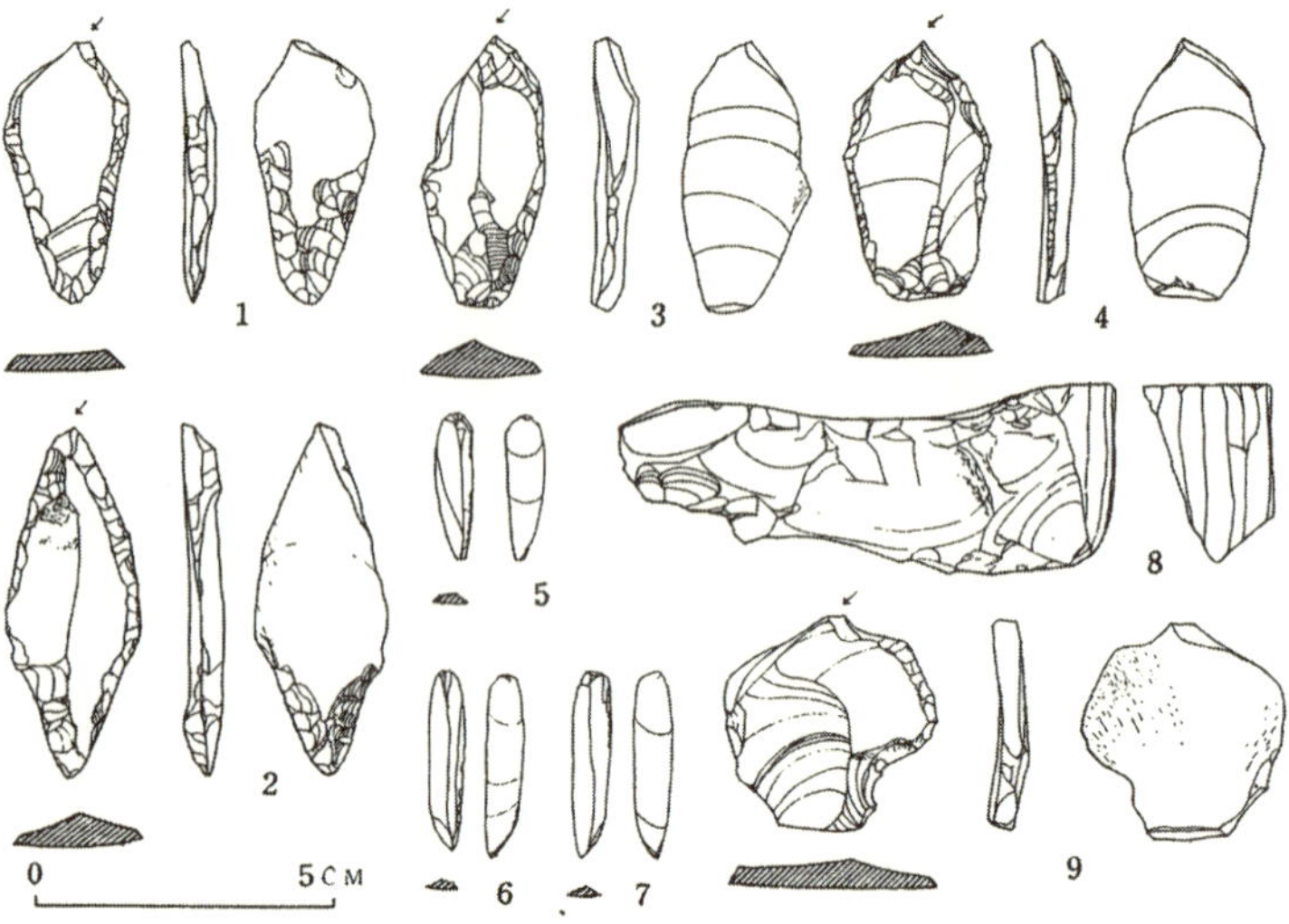

1—4. and 9, Gravers.　5—7, Microblades.
8, Keel-shaped Micro-Core.

図３　第１次発掘調査出土石器（芹沢1959より）

る遺構の存在は、調査事例の蓄積が進んだ現在においてもめずらしく貴重である。したがって、荒屋遺跡のように多量の石器、とくに細石刃や彫刻刀など利器を中心とする多量の石器と住居跡や土坑などの遺構が供伴する遺跡は、当時の生業をあきらかにする上できわめて重要な成果をもたらすことが期待されるわけである。そして、これらの視点は三〇年後に実施された第二・三次発掘調査に引き継がれた。

また、土坑から出土した炭化物の放射性炭素年代が測定され、一万三〇〇〇±三五〇ＢＰ（Ｇａｋ九四八）という結果が得られた。これは当時としては貴重な細石刃石器群の理化学的年代測定値であった。

（三）舟底形細石刃核と荒屋型彫刻刀

前述のとおり、出土石器は質・量ともに充実し

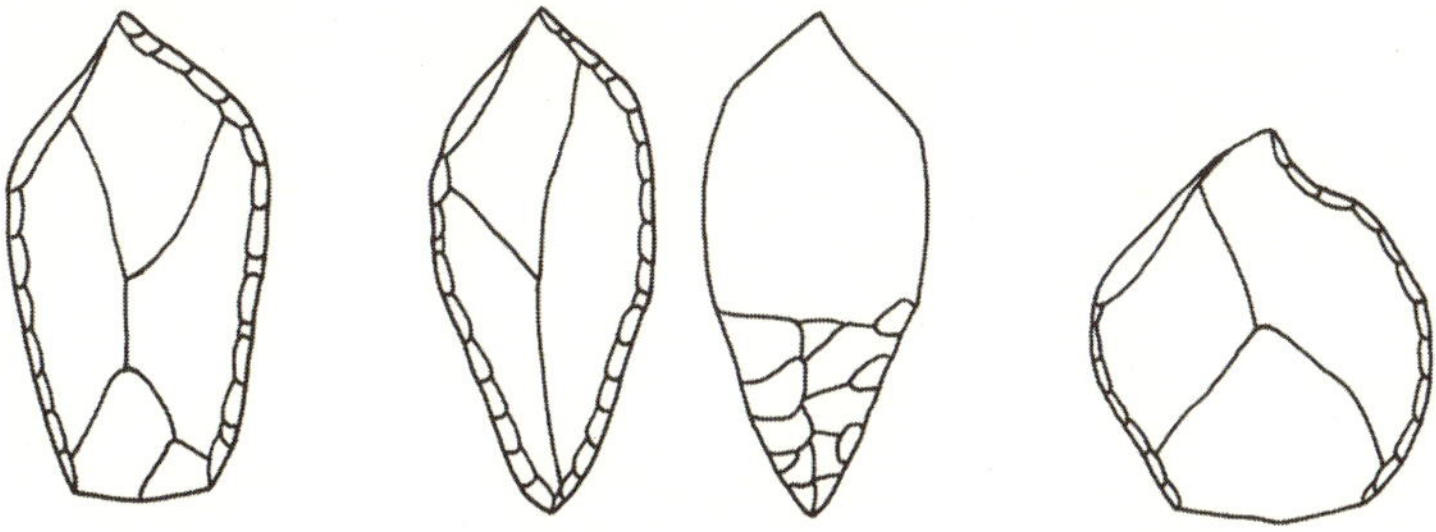

第1形態　　第2形態　　第3形態

図4　荒屋遺跡出土彫刻刀の三分類

たものだったが、そのなかでとくに目についたのが、舟底形細石刃核と多量に出土した彫刻刀であった。

　舟底形細石刃核は、当時日本を代表する細石刃石器群の遺跡であった長野県矢出川遺跡出土の半円錐形のものとは形態がおおきく異なっており、両者の細石刃製作技術のちがいが想定された。

　彫刻刀は四〇〇点以上出土した。さらに、彫刻刀の製作・刃部再生によって生じる削片が一〇〇〇点以上出土しており、荒屋遺跡における彫刻刀関係遺物は、日本の旧石器時代遺跡において異例ともいえる出土量である。

　芹沢はこれらの彫刻刀を三形態に分類した。第一の形態は「背面に加工痕なく、正面の全周辺に細かい整形をほどこしたのち、左肩に一条あるいは二～三条の彫刻当面をきざんだ形態」とされ、出土彫刻刀の大半をしめていた。第二の形態は、基部の腹面側が加工されて両面もしくは半両面加工となり「舌状に整形されて頭部から明瞭に分離され」たもの、第三の形態は「縦横がほぼひとしく、栗の実のような形をとっている」ものである。そして、これらの彫刻刀の製作技術と形態の特異性から、荒屋型彫刻刀と呼称したのである（当初、芹沢は「荒屋形彫刻刀」としていた）。

　当時、荒屋型彫刻刀を出土する遺跡は、荒屋遺跡以外では北海道の数遺跡が知られているにすぎなかった。芹沢はそれらの石器組成を概観して、①加工痕のある細石刃を主体とする札骨遺跡、②舟底形石器、尖頭器、小石刃等を特徴とするタチカルシナイ遺跡、③有舌尖頭器を主体とする立川遺跡があるとし、これら三石器群がきわめて近い年代的関係にあると推定した。

2 荒屋遺跡発見と細石刃石器群研究の進展

(一) 発見前夜

一九五八年当時の荒屋遺跡発見の意義を評価するためには、発見以前の細石刃石器群研究にかかわる研究動向を踏まえなければならない。時計の針を巻き戻して、荒屋遺跡発見以前の状況を概観してみよう。

旧石器時代遺跡の存在が確認される以前に、日本における細石刃存否の問題を取り上げたのは八幡一郎である。八幡は「北海道の細石器」(『人類学雑誌』第五〇巻第三号、一九三五年)、「信州諏訪湖底曽根の石器時代遺跡」(『ミネルヴァ』第一巻第二号、一九三五年)において、北海道の採集資料や長野県諏訪湖底の曽根遺跡で発見された石器のなかに蒙古地方の細石刃に類似するものがあることを指摘した。さらに、八幡は「日本に於ける中石器文化的様相に就いて」(『考古学雑誌』第二七巻第六号、一九三七年)を発表し、縄文時代初期の石器の特徴として剝片石器が多いこと、縦長剝片が存在すること、不完全ながら石刃を確認でき蒙古の細石刃に共通する点があることを指摘し、初期縄文文化に中石器的様相が認められるとした。

こうした八幡の一連の論考に先立ち、昭和初期の満蒙学術調査に従事した江上波夫・水野清一は

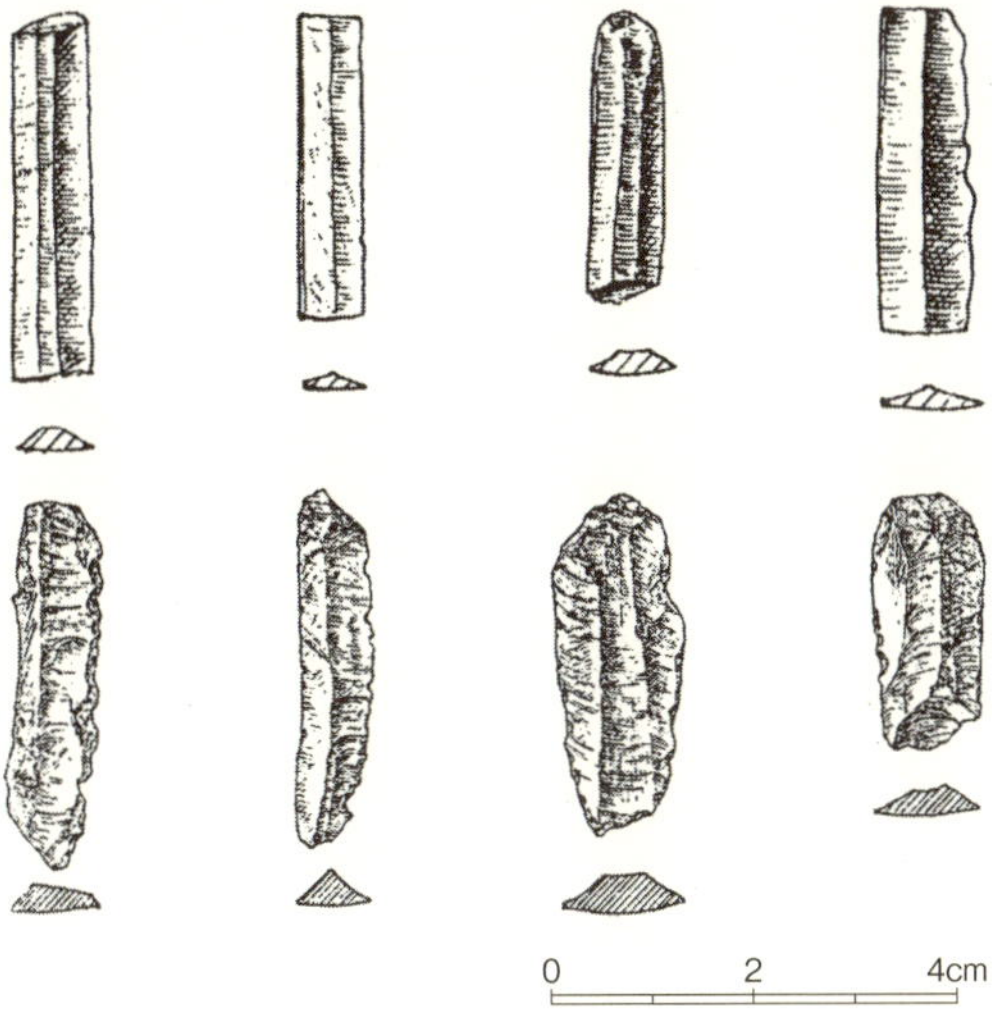

図 5　八幡一郎が注目した石器（上段：北海道アイヌの石器、八幡1935a より。下段：諏訪湖底曽根出土石器、八幡1935b より）

『内蒙古・長城地帯　第一篇蒙古細石器文化』（一九三五年）において、蒙古の細石器文化は旧大陸に広く分布した細石器技法を特徴とする新石器文化圏の東端であり、日本列島にはこれとは異なる黄河流域を中心とする磨製石器文化が広がるとしていた。八幡の一連の論考は、この見解に疑義をとなえたものであり、縄文時代の起源や系統をあきらかにするうえで細石刃がきわめて重要な位置をしめること、東北アジアという広域の様相のなかで検討されるべきものであることを指摘したのである。

　こうした八幡の問題提起に賛同する研究者は少なかった。対象とする資料の出自や形態が不確実であったことがその理由の一つであろう。渡辺仁は「所謂石刃と連続割裂法について」（『人類学雑誌』第六一巻第三号、一九五〇年）において、北海道や曽根湖底遺跡の細石刃様剥片を背面構成から検討した。北海道の資料は連続割裂法（細石刃剥離技術）による石刃であることを認めたが、曽根遺跡の資料は否定した。

　その一方で八幡の提起した問題が縄文時代の起源に関心をもつ研究者に広く浸透していったこと

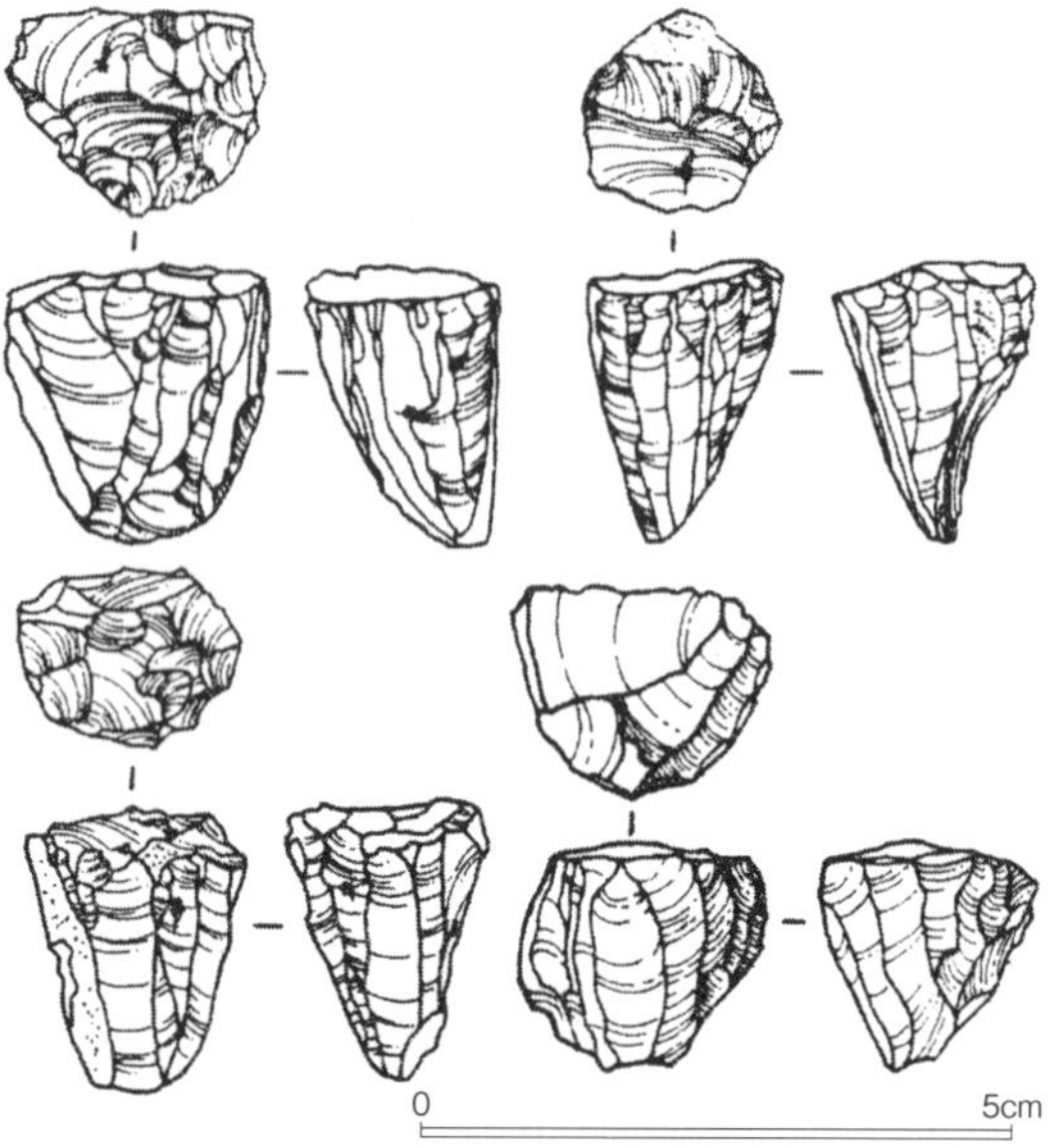

図6　矢出川遺跡出土石器（戸沢1964より）

もまた事実であった。一九四九年、岩宿遺跡の発見が日本列島における旧石器文化の存在を明らかにした。このとき相沢忠洋が赤土の露頭で採集した黒曜石の剝片を明治大学にもちこんだのも、その資料を実見した杉原荘介や芹沢長介が発掘調査を決意したのも、細石刃への関心がその動機であった。芹沢長介は、その後「関東及び中部地方に於ける無土器文化の終末と縄文文化の発生とに関する予察」（『駿台史学』第四号、一九五四年）において旧石器時代の終末に細石刃石器群が位置づけられることを示唆した。その芹沢長介と岡本勇、由井茂也の三人が長野県矢出川遺跡において、日本列島に細石刃石器群が存在することを確認したのは一九五三年の冬、荒屋遺跡第一次発掘調査はその五年後のことである。

（二）二つの細石刃石器群

荒屋遺跡の第一次発掘調査が行われた一九五八年当時、細石刃石器群を出土する遺跡として知られていたのは、長野県の矢出川遺跡のほか白滝遺跡群、置戸遺跡、札滑遺跡など北海道島の遺

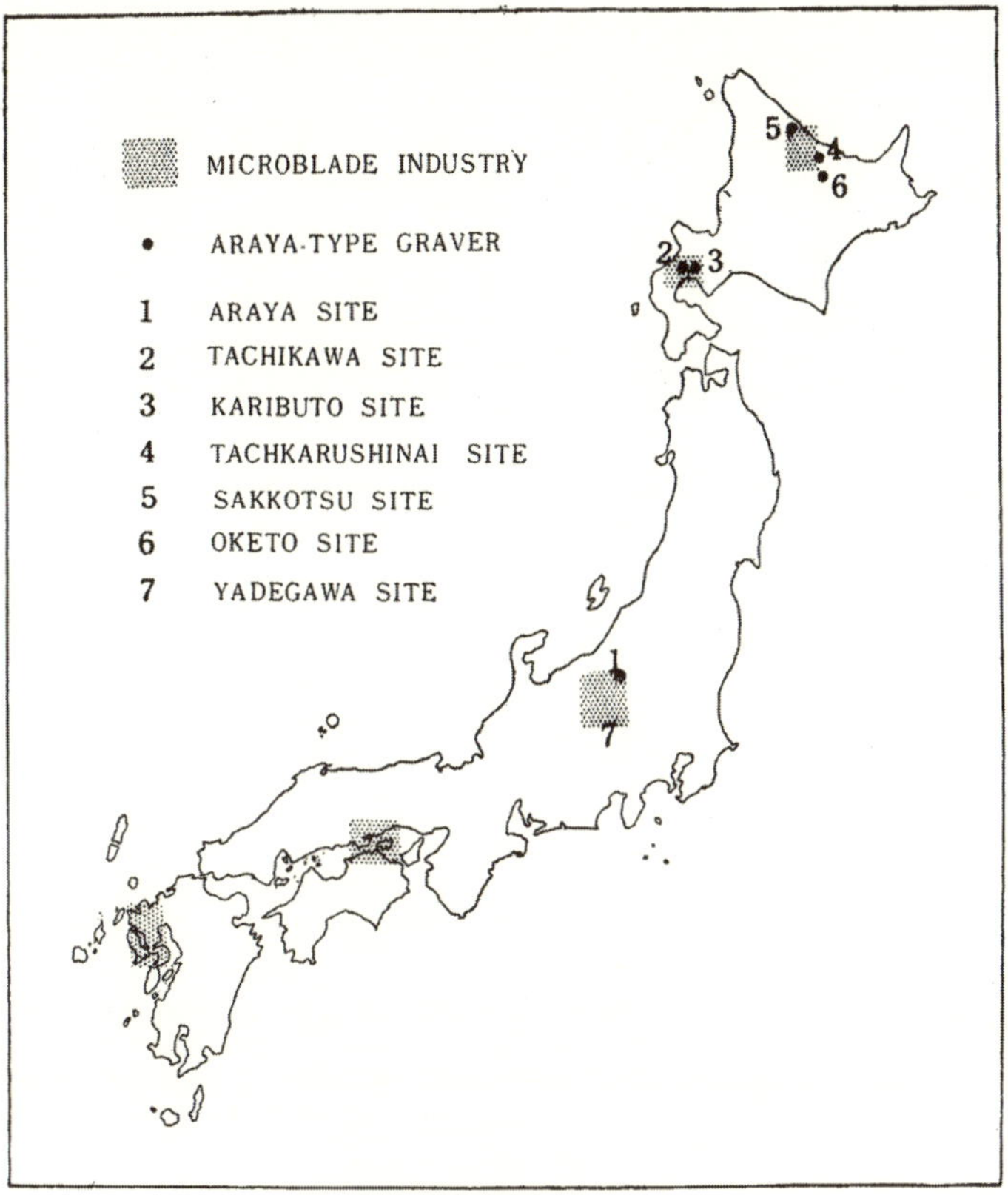

1. 新潟県北魚沼郡川口町西川口・荒屋
2. 北海道磯谷郡蘭越町立川
3. 北海道虻田郡狩太町
4. 北海道紋別郡遠軽町タチカルシナイ
5. 北海道紋別郡西興部村札滑
6. 北海道常呂郡置戸村

図7　第1次発掘調査当時の細石刃石器群の分布（芹沢1959より）

跡（一九五八年当時タチカルシナイ遺跡は細石刃石器群とは考えられていなかった）、東京都根ノ上遺跡、瀬戸内海沿岸に位置する岡山県鷲羽山遺跡・香川県井島遺跡、九州島北部佐賀県・長崎県域の遺跡などであった（図7）。遺跡数はまだ少なく空白地域もあったが、日本列島の北から南までほぼ全域で確認されていたことになる。

荒屋遺跡からは、矢出川遺跡が地理的に最も近い細石刃石器群の遺跡であったわけだが、両者の石器群の様相は大きく異なっていた。荒屋遺跡出土石器群は、矢出川遺跡よりむしろ北海道島の石器群との共通点が多かったのである。そして、その共通点がほかならぬ舟底形細石刃核と荒屋型彫刻刀であった。一方、矢出川遺跡に類似する細石刃石器群は、関東から瀬戸内海沿岸・九州島に分布していた。

こうして、荒屋遺跡と矢出川遺跡をそれぞれの代表例とする二つの細石刃石器群が、日本列島をほぼ南北に二分して分布する状況が明らかになった。現在、荒屋遺跡を含む北海道島から本州島北半に分布する石器群は、北方系細石刃石器群とよばれている。その後の北方系細石刃石器群の研究は、このとき舟底形細石刃核として認識された細石刃製作技術とそれらの関係の解明を軸として進められた。また、荒屋型彫刻刀の研究は、芹沢の略報における三形態分類と型式設定を起点として展開した。荒屋遺跡第一次発掘調査は、細石刃石器文化に関するその後の研究を方向づけたということができるのである。

（三）湧別技法の提唱

荒屋遺跡の第一次発掘調査の三年後の一九六一年、北方系細石刃石器群の細石刃製作技術に関する重要な研究成果が提出された。吉崎昌一による湧別技法の提唱である。吉崎の「白滝遺跡と北海道の無土器文化」（『民族学研究』第二六巻第一号、一九六一年）において説明された湧別技法の工程をまとめると次のとおりである（石器の名称等の用語は原文のまま）。

a．厚手で両面加工の施されたpointを製作して原材とする。

b．その原材の先端に打撃を加えて、側辺に沿って縦に長い石片（この剝片を「スキー状spall」とよぶ）を三～四回程度剝取る。

c．こうしてできた半分に割られたpointの先端に、底面（pointを船に見たてたときの甲板にあたる）からflutingを施す。

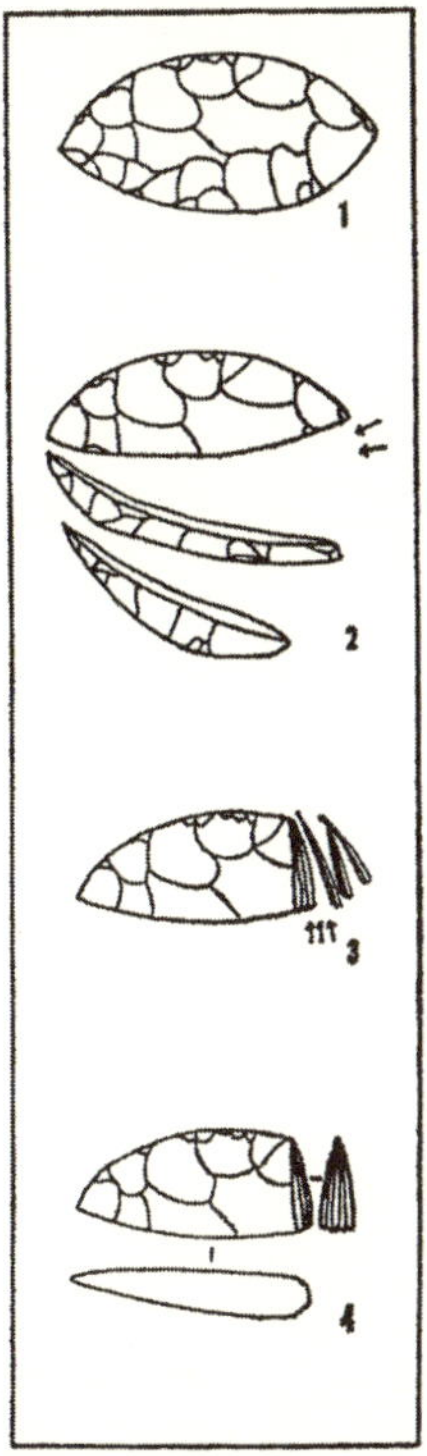

図8　湧別技法模式図（吉崎1961より）

　この時点で、吉崎は湧別技法を白滝型舟底形石器の製作および札滑型細石刃核を残す細石刃製作技術として理解していた。しかし、その後の研究の進展により、前者も白滝型細石刃核を残す細石刃製作技術とする見解が一般的となり、湧別技法はすべて細石刃製作技術として理解されている。

　湧別技法は、両面加工による母型製作後、削片剝離によって細石刃剝離打面を作出する点に最大の特徴があったが、後にこのような細石刃製作技術は「削片系細石刃製作技術」とよばれるようになった。一方、矢出川遺跡のように細石刃剝離打面が工程の初期段階に準備され、削片剝離によって作出されない細石刃製作技術は、「非削片系」とよばれている。

そして、その後の資料の蓄積により、北方系細石刃石器群の細石刃製作技法には湧別技法のほか、峠下、蘭越、忍路子などの多様な削片系細石刃製作技術があることがあきらかになっていった。さらに、本州島の北方系細石刃石器群の細石刃製作技術がほぼ湧別技法にかぎられることもあきらかになった。

(四) 疑義の提出

一方で細石刃文化の存在に対する疑義もまた提出されていた。

山内清男・佐藤達夫は「縄紋土器の古さ」(『科学読売』一二巻一三号、一九六二年)において当時細石器とされていたものの多くを「単なる剥片で石器となっていないもの」とし、細石刃石器群とする評価や編年的位置づけは改訂されるべきとした。また、佐藤達夫は「ホロン・バイルの細石器文化」(『考古学雑誌』第四六巻第三号、一九六〇年)で、蒙古のホロン・バイルの細石刃石器群を三段階に区分し、最古の第一段階を野辺山併行、第二段階を細石刃技術の発達期、第三段階をバイカル編年のイサコヴォないしセロヴォ期とした。そして、日本の細石刃石器群もほぼ同様とし、芹沢らの年代観に疑義をとなえた。

滝沢浩は「本州における細石刃文化の再検討」(『物質文化』三、一九六四年)において、東北日本において細石刃石器群が発見されず荒屋遺跡が孤立した存在であること、矢出川遺跡関連資料もまた矢出川遺跡以外は多くが採集品で、しかもナイフ形石器も採集されている遺跡が多いことから、本州島における細石刃文化・細石刃石器群の存在に否定的な見解を示した。

しかし、こうした細石刃石器群の分布上の空白や短期編年観を根拠とした疑義は、調査事例の増加にともない、空白域が解消されたこと、放射性炭素年代にもとづいた年代観が定着したことなどから、広く研究者間に受け入れられることはなかった。

（五）荒屋遺跡の細石刃製作技術

荒屋遺跡が本州島を代表する北方系細石刃石器群であることから、その細石刃剥離技術の解明は研究者の関心を集めた。

大塚和義は、「本州地方における湧別技法に関する一考察」（『信濃』第二〇巻第四号、一九六八年）において、荒屋遺跡の細石刃製作技術を次のとおりに復元して荒屋技法を提唱し、その性格について論じた（番号は図9に対応）。

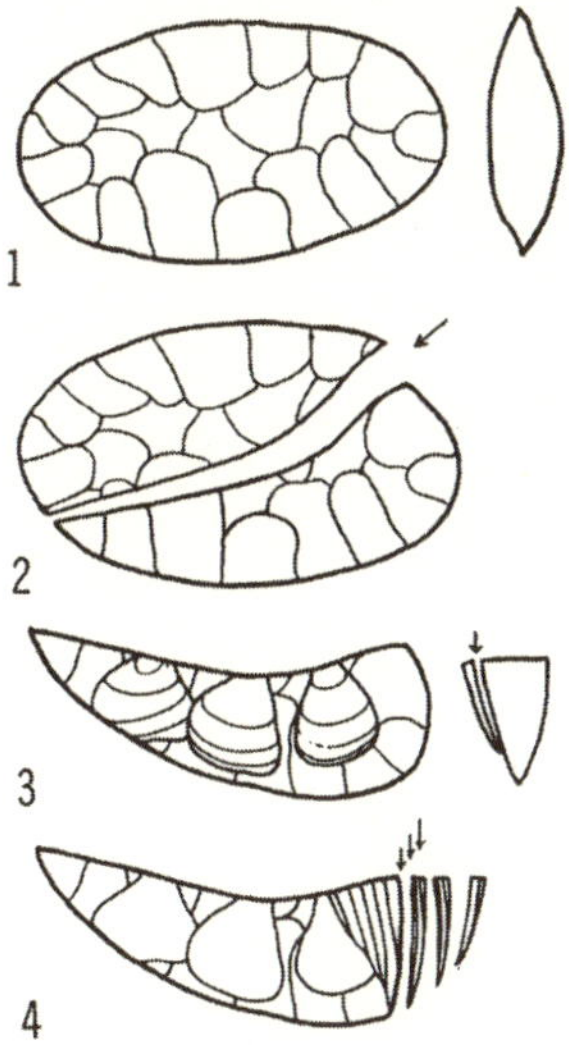

図9　荒屋技法模式図（大塚1968より）

1．礫を粗く加工するポイント（細石刃核母型）製作。

2．ポイントの半割（大塚はこの半割ポイントを「舟底形石器」とよんだ）。

3．舟底形石器の舷側と甲板のなす縁辺の調整・剥離。

4．甲板の一方の先端での細石刃剥離。

そして、2の半割が一回の加撃で行われ、スキー状スポールが生じない点が湧別技法とは異なるものの、両面加工によるポイント状の母型を製作し、その長軸に細石刃剥離打面を設定する点が共通することから、荒屋遺跡の細石刃技術と湧別技法との関係は否定できないとした。

さらに大塚は、荒屋遺跡以外の本州島の細石刃技術を検討したうえで、荒屋遺跡を含むそれらを「札骨型細石刃核のステージにおける湧別技法の所産」とし、北海道の湧別技法と本州島の細石刃技術の間にはいくつかの脱落現象が見られるとして、後者を前者の変容したものと推定した。また、3工程の調整・剥離によって生じた剥片が彫刻刀などの素材であるという、重要な指摘を行った。

このように大塚の研究は、荒屋遺跡の細石刃製作技術の具体的な姿を復元して荒屋技法として提示し、その荒屋技法と湧別技法との関係、彫刻刀等の素材供給など北方系細石刃石器群の研究におけるきわめて重大な問題を含むものであり、その後の研究の礎となった。

一方、織笠昭は「中部地方北部の細石器文化」(『駿台史学』第四七号、一九七九年)において、荒屋遺跡第一次発掘調査出土細石刃核を検討して、「原礫を直角に近い角度で打面転位しながら分割していくような素材作出過程」によって得られた直方体に近い素材がもちいられたものを主体とするとした。

こうして、第一次発掘調査の報告書が刊行されていないなか、これらの研究成果や公表されている一部の資料、採集資料などから、荒屋遺跡の細石刃剥離技術には、湧別技法に関係する削片系によるもの、ホロカ技法など非削片系によるものの両者がある、との見通しが得られていった。

(六) 北方系細石刃石器群の分布論

第一次発掘調査直後から荒屋遺跡出土石器群は、類似する石器群が北海道だけでなく広くシベリア、アラスカにまで分布することが指摘されていた。芹沢と吉崎は「アイヌ以前の北海道—北方古代文化のナゾを探る―」（『科学読売』一一、一九五九年）において、荒屋遺跡に類似する石器群が沿海州、アリューシャン、アラスカに分布することを指摘した。さらに、芹沢は「旧石器時代の諸問題」（『岩波講座　日本歴史Ⅰ』、一九六二年）において、荒屋型彫刻刀と白滝型石核彫刻刀（芹沢は白滝タイプの湧別技法を細石刃製作技術と認めていない）を組成する石器群に類似する資料がシベリアのベルホレンスク山遺跡で出土しているとした。

加藤晋平は、「日本細石器文化の出現」（『駿台史学』第六〇号、一九八四年）において、クサビ形細石刃核をともなう細石刃石器群がオビ・エニセイ川流域の西シベリア以東のモンゴル・中国北部の広範囲に分布することを指摘した。また、荒屋型彫刻刀を北アジアという広域の視点から横断刻面型彫刻刀（トランスヴァサル・グレイヴァ）の本州化が進んだものとしたうえで、横断刻面型彫刻刀の分布範囲をアンガラ川上流域、ザバイカル、モンゴル、レナ川流域、中国東北部、沿海州・極東、アラスカとした。

加藤はさらに、こうした細石刃石器群や荒屋型彫刻刀の編年から、「ザバイカルで約三万年前に生まれたクサビ形細石刃核をもって細石刃を生産し、その細石刃を利用した植刃器を有する細石刃文化が、二万年近い永い年月をかけて東方へと拡散し、その一派が北海道・東北日本へといたった」と述べている。また、こうした拡散と広域分布の背景をサケ・マス漁撈とした。

この加藤による「サケ・マス説」は、日本における北方系細石刃石器群の広域分布と拡散、とりわけ本州への波及を説明するものとしてその後の研究に大きな影響を及ぼした。

（七）荒屋型彫刻刀の形態と分類

荒屋型彫刻刀の分布論とそれにもとづいた比較研究を発展させるうえで、その形態や分類がきわめて重要な意味をもっていた。広域に分布する資料の関係を理解するうえで、類似資料に見られる差異を型式内のバラエティとするか、型式外すなわち「他人のそら似」とするかはきわめて重大な問題だからである。研究者の間で荒屋型彫刻刀に対する認識の齟齬があった場合、ひろく北東アジアに分布する関係資料に認められる地域性とでもいうべき差異の理解が大きく異なることになるわけである。

たとえば、森嶋稔は、「長野市飯縄高原上ヶ屋遺跡」（『上代文化』第三一・三二号、一九六三年）、「上ヶ屋型彫刻器をめぐって」（『信濃』第一八巻第四号、一九六六年）、「一系列文化におけるグレイバー・テクニック」（『信濃』第二五巻第四号、一九七三年）の一連の論考を通じて、神山型、上ヶ屋型のナイフ形石器にともなうものから荒屋型への彫刻刀の系列的な変遷を論じた。この主張は、荒屋型彫刻刀は本州島内でナイフ形石器にともなう彫刻刀から自生した、とする氏独特の変遷観にもとづくものであったが、その広域分布と整合するものではなかった。

こうした問題に正面から取り組んだのは、水村孝行である。水村は「荒屋型彫刻器について」（『埼玉考古』第一六号、一九七七年）において、北海道島、本州島で出土した主要な出土資料を集成して検討をくわえ、その型式概念を整理した。最終的に水村が荒屋型彫刻刀の要件とした五項目は以下のa～eのとおりであり、芹沢による一次略報の概念規定を妥当なものとした。

a．小形の石刃・剥片を素材とする。

b．正面全周に二次加工を施し、その右肩を打

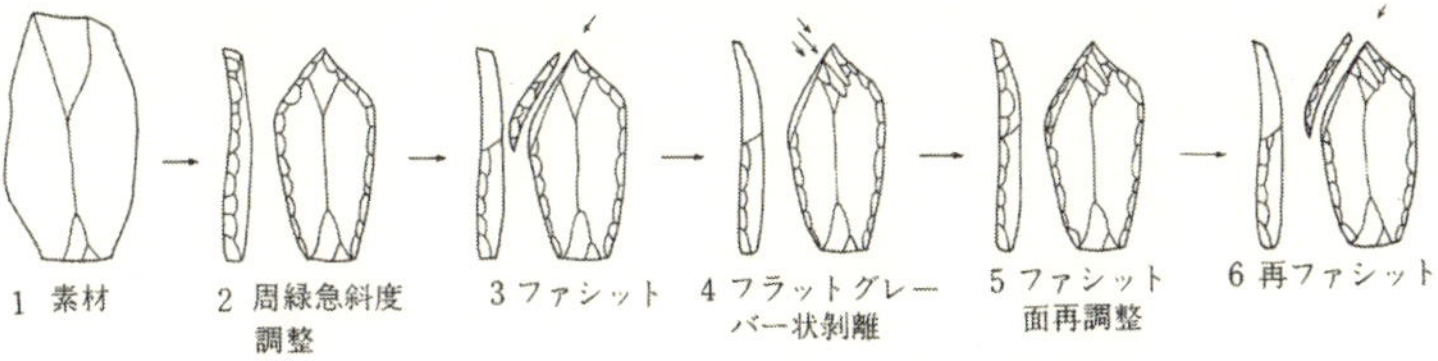

図10　荒屋型彫刻刀模式図（堤・綿貫1987より）

面として長軸に鋭角の彫刀面を作出する。

c．彫刀面は素材先端側左に一〜三条刻まれる。

d．基部腹面側に調整が加えられるものがある。

e．石材はおもに頁岩が選択される。

その上で、水村は加藤晋平による荒屋型彫刻刀と湧別技法との結びつきの強さの指摘を追認し、大陸と東日本における細石刃石器群の関係追求の必要性をあらためて指摘した。

山中一郎は、「荒屋遺跡出土の彫器—型式学的彫器研究の試み—」（『考古学論考』、一九八二年）において第一次発掘調査出土の荒屋型彫刻刀三二四点の属性分析を行い、石器製作技術にもとづいた形態の視点からその記述を行った。山中の分析と記述は多岐にわたるが、芹沢の第一形態と第二形態を合わせたものが、九〇％以上を占め、そのうち第一形態が七割前後を占めたことが、荒屋型彫刻刀の定義・範囲を考えるうえでとくに注目される。

綿貫俊一と堤隆は、「荒屋遺跡の細石刃資料」（『長野県考古学会誌』第五四号、一九八七年）において、二一点の採集資料を検討し、各研究者のその時点での認識を概観したうえで、荒屋型彫刻刀を左肩のファシット（彫刻刀面）、急角度調整による尖頭状の切っ先、全周の急角度調整で定義し、頁岩への選択性、フラットグレーバー状剥離（図10参照）、基部平坦剥離などを付帯要素とした。綿貫と堤の定義と付帯要素による理解は、第一次発掘調査以降北海道を中心に資料が蓄積された荒屋型彫刻刀を理解するうえで、現実的で有効なものであった。

第一次発掘調査を担当した芹沢の説明にも微妙な変化が見られた。前述のとおり、第一次発掘調査略報では荒屋遺跡出土彫刻刀を三形態分類にもとづいて記述したが、一九七四年の『最古の狩人たち』では、荒屋型彫刻刀を「剝片を素材とし、まず全周に裏面からの打撃を加え、さらに基部だけには表面からも打撃を加えて両面加工とし、最後に右肩から左肩にかけて彫刻刀面をつくり出したもの」とした。この記述によるかぎり、荒屋型彫刻刀は第二形態だけが該当することになる。芹沢は一九八七年の『旧石器の知識』においても同様の記述を行っていることから、一九七四年以降はこのような認識であったと思われる。

（八）遺跡の評価と限界

荒屋遺跡については、本州島における北方系細石刃石器群の最も重要な遺跡として、細石刃や彫刻刀を中心に研究が進められた反面、遺構や遺跡形成の背景となった生業の研究はあまり進展しなかった。

第一次発掘調査では、土坑の存在が確認され、住居跡の存在も示唆されるなどきわめて重要な成果が得られた。しかし、第一次発掘調査は、遺跡の一部を対象としたトレンチ調査であり、そのトレンチも完掘されたわけではなかった。さらに、正式な報告書が刊行されなかったこともあって、調査成果の詳細や遺跡の全貌は不明なままであった。一次略報によれば、芹沢は第一次発掘調査につづいて、第二次発掘調査を実施する意向だったようだ。しかし、第二次調査が行われたのは第一次発掘調査の三〇年後であった。さらなる研究の深化には、第二次発掘調査を待たねばならなかったのである。

3　第二・三次発掘調査とその成果

(一) 調査の目的

こうして第一次発掘調査の報告書が刊行されないまま年月が経過していったが、第一次発掘調査から三〇年後の一九八八年に第二次発掘調査が行われた。調査の目的は遺構の状況や遺物の包含状況、遺構と遺物の関係など遺跡の構造と出土遺物の組成・製作技術・機能等の解明であった。なかでも、遺跡の第一次発掘調査で発見された土坑の精査、存在が予想される住居跡などその他の遺構の確認と精査が重点課題とされた。

(二) 調査の概要

調査は東北大学考古学研究室が実施し、芹沢と同研究室主任教授の須藤隆が調査担当者をつとめた。調査期間は、第二次調査が一九八八年八月十六日から九月十日までの二六日間、第三次調査が一九八九年七月二十日から八月十三日までの二五日間である。当時同研究室助手であった会田容弘・佐久間光平、同研究室OBの阿子島香・梶原洋のほか、大学院生・文学部生・研究生が調査にあたった。また、元井茂、星野洋治、八木次男、佐藤雅一などの地元研究者や町田正行の協力を得た。

調査は第一次発掘調査範囲を確認し、その北半にあたる南北一〇《メートル》・東西八《メートル》の八〇平方《メートル》を対象とした。大量に出土する遺物の出土座標記録に苦戦しながら調査が進められ、第二次調査では、遺物包含層の精査と多数の遺構の分布を確認し、

図11　第３次発掘調査風景（報告書より）

第三次調査ではこれらの遺構を精査した。

（三）調査成果

第二・三次発掘調査では第一次発掘調査で発見された土坑をはじめとする二四基の遺構が調査された。竪穴住居状遺構が発見・調査され、期待された住居跡が存在する可能性もいよいよ高まった。このほかにも、焼土面をもつ土坑などの注目される遺構が検出された。出土遺物は九万二四三五点におよんだ。細石刃、細石刃核とその母型、細石刃製作工程で生じる削片、彫刻刀とその削片、スクレイパー、ドリルなど、それまでの第一次発掘調査や表面採集によって知られていた石器のほか、両面加工尖頭器など新たな発見もあった。

調査報告書は第三次調査の翌年に東北大学文学部考古学研究室・川口町教育委員会が概報『荒屋

図12　荒屋遺跡発掘調査報告書

遺跡―第2・3次発掘調査概報―』（一九九〇年）を刊行し、その後二〇〇三年には同じく東北大学院文学研究科考古学研究室・川口町教育委員会により本報告『荒屋遺跡　第2・3次発掘調査報告書』が刊行された（以下、本報告を「報告書」という）。調査対象範囲や確認された遺構がすべて完掘されていないが、遺跡の性格、形成過程や人間行動を解明するための貴重なデータがここに示された。第一次発掘調査から実に四五年目のことであった。

（四）調査以降の研究の進展

第二・三次発掘調査では、多数の遺構が検出され、遺物も大量に出土した。そして調査の翌年に刊行された概報において検出遺構や出土遺物の概要が示されたことにより、研究の進展が見られた。ここでは、荒屋遺跡の生業に関する研究成果

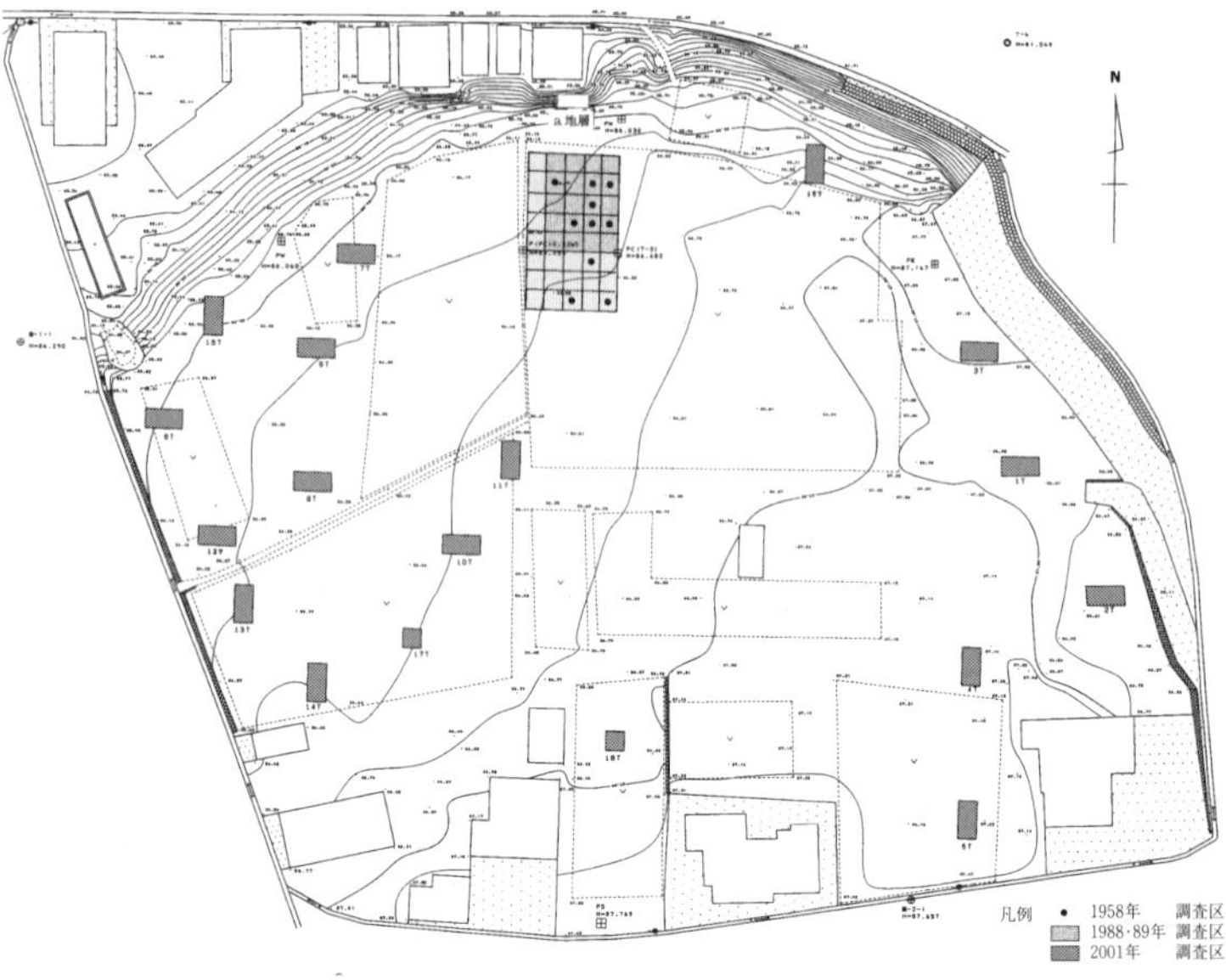

図13 第４次発掘調査区位置図（４次報告書より）

を中心に紹介しよう。

佐藤宏之は『日本旧石器文化の構造と進化』（一九九二年）における東日本の北方系細石刃石器群を検討するなかで、荒屋遺跡を「内水面漁撈を行った作業場、おそらくは遡上性の魚類の解体処理の場」とし、さらに「あえて推論をつづければ、荒屋遺跡では、細石刃を装着した植刃器製の銛等で漁撈活動を行い、掻器等によって解体し、土坑内や炉による乾燥・燻製を行ったものと考えられる」と遺跡における生業活動を推定した。その上で、こうした内水面漁撈を旧石器時代から縄文時代への定住化への導因とした。

荒屋遺跡の報告書作成の中心となった鹿又喜隆は、「定住性の高さと活動の組織化」（『文化』第六八巻第一・二号、二〇〇四年）において、荒屋遺跡に居住した集団の石器製作、骨角器製作、皮製品製作、狩猟・解体、たき火、植物採集、食の諸活動が高度に組織化されていたことから、定住性の高さを推定した。鹿又はその背景となる生業について、狩猟を想定している。

荒屋遺跡の所在する魚沼地域をフィールドとする佐藤雅一は、「信濃川流域における縄文化の素描」（『縄文化の構造変動』、二〇〇八年）において、荒屋型細石刃石器群を保有する集団の生活様式には、水辺環境への積極的進出、竪穴住居と炉の構築、貯蔵穴を含む多様な土坑構築などに縄文時代的要素が見られるとした。佐藤は、自身らの遺跡立地に関する研究成果「信濃川水系における縄文時代草創期の様相」（共著、『環日本海地域の土器出現器の様相』、一九九四年）などを根拠に、内水面漁撈がこうした生活様式の背景となる生業であるとした。

4　国史跡指定と第四次発掘調査

新潟県教育庁文化行政課が新潟県文化財保護審議会に荒屋遺跡の県史跡指定を提案し、これが検討され始めたのは二〇〇〇年頃からである。この検討過程で史跡指定範囲が問題となったため、遺跡範囲確認のための発掘調査を行う必要が生じた。そこで、新潟県教育庁文化行政課と川口町教育委員会が協議した結果、町教育委員会が主体となって発掘調査を行い、県教育委員会がこの調査に調査員を派遣することとなった。また、この調査について町・県・国が協議を進めた結果、遺跡を国史跡に指定する可能性を模索することとなった。

調査は二〇〇一年十月二十二日〜十一月九日に、川口町教育委員会を調査主体として実施さ

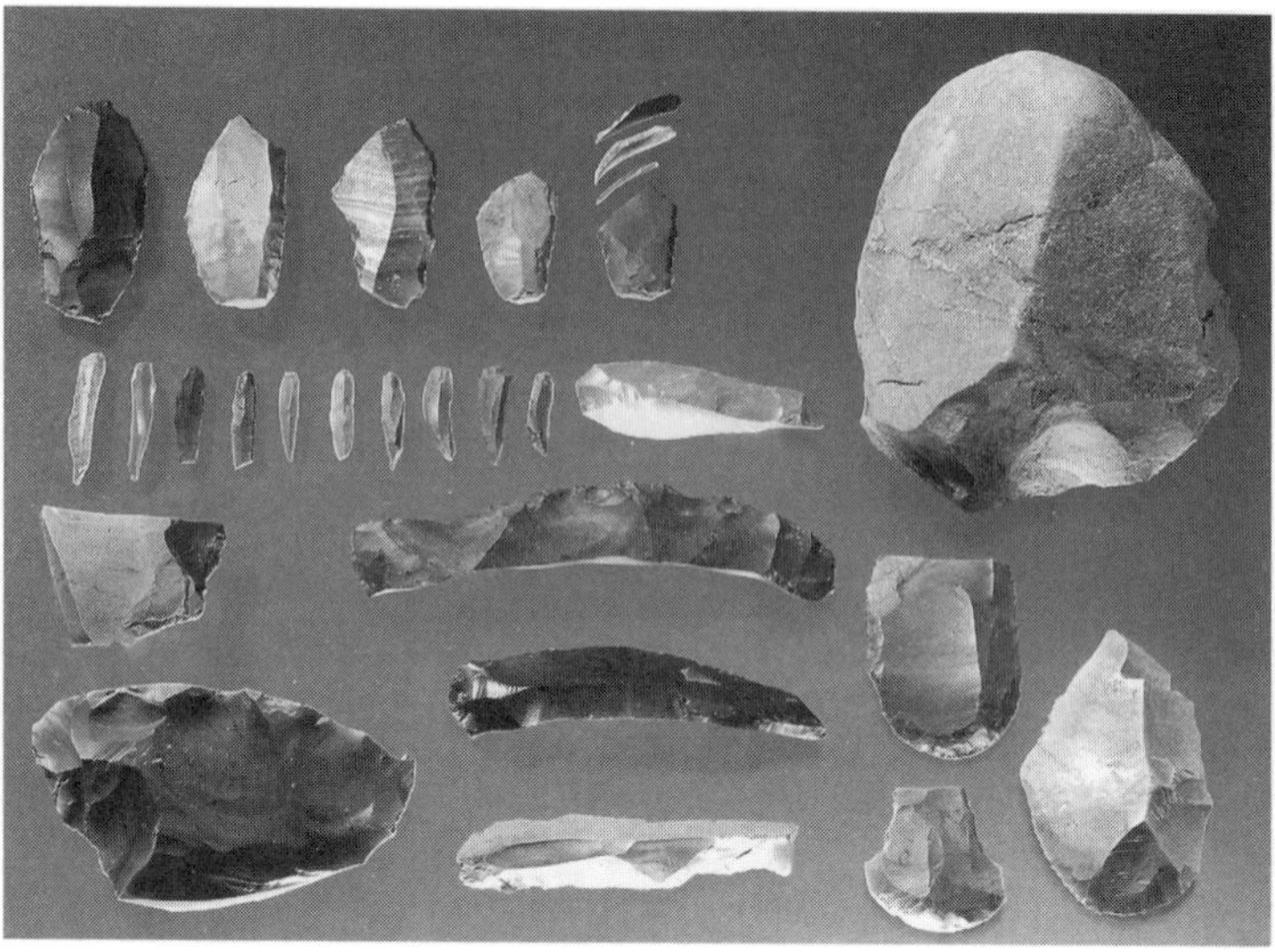

図14　第4次発掘調査出土遺物および採集石器（4次報告書より）

れ、報告書『荒屋遺跡』（二〇〇二年）も刊行された（以下、「四次報告書」という）。芹沢長介・須藤隆・小野昭（当時東京都立大学教授、新潟県文化財保護審議委員）・岡村道雄（当時文化庁記念物課主任文化財調査官）が調査を指導し、新潟県教育庁文化行政課職員の沢田敦（調査担当者）・田海義正が調査員として調査にあたった。さらに、佐藤雅一・大久保次男・小野塚永治ら地元の研究者たちが調査にかかわった。

調査に先立ち、県内研究者から聞き取り調査を行い、遺跡における遺物表面採集の状況を確認した。そして、すでに濃密な遺物集中の存在が明らかな第一〜三次調査の調査範囲を除き、遺物が比較的多く採集されている範囲とその周囲に一八カ所のトレンチをほぼ等間隔に設定した。実質調査面積は一三六平方メートルである。

調査では、一八カ所のトレンチのうち五カ所のトレンチから一次堆積（畑耕作などの攪乱を受けていない状態の堆積）の状況で遺物が出土したが点数は少なく、過去の三回の調査において確認されたような濃密な遺物集中域は調査範囲に広がっていないことは確実であった。遺跡は第一～三次調査範囲を中心とする四〇～五〇メートル四方の遺物集中域を中心とし、その周囲を含んだ範囲に収まることが明らかとなったのである。

　出土遺物は細石刃、細石刃核母型、細石刃核削片、彫刻刀、彫刻刀削片、掻器、削器、錐形石器、礫器など従来知られていた器種で、点数は三五一点である。

　荒屋遺跡は二〇〇四（平成十六）年二月二十七日国史跡に指定された。第四次調査の結果を踏まえ、道路に囲まれた区画のうち民家敷地を除いた約五二六四平方メートルが指定範囲とされた。実に、四七年の歳月を経て、荒屋遺跡は日本を代表する旧石器時代の遺跡として現状のまま後世に伝えられることとなったのである。

Ⅱ　あきらかになる遺跡の様相

すでに述べたとおり、荒屋遺跡ではこれまでに四回の主要な発掘調査が行われた。第一次発掘調査の正式な報告書が刊行されていないこともあって、第二・三次発掘調査成果の情報量は圧倒的である。しかしながら、第一次発掘調査の段階で遺物の様相や遺構が存在する可能性について重要な指摘がなされている。第四次発掘調査は範囲確認を目的とした調査だったが、遺跡の広がりや立地に関する重要な知見が得られた。また、採集資料にもとづいた重要な研究成果が発表されている点も忘れるわけにはいかない。

この章では、これらの発掘や採集資料による調査研究の成果にもとづいて、遺跡の様相を説明したい。最初に、過去四回の発掘調査を調査方法を中心に概観し、その後、遺跡の立地と基本層序を解説する。遺跡の様相を知るための重要な要素である遺構と遺物については、それぞれ章をあらためて詳述する。

1　発掘調査の概要

ここでは、一九五八（昭和三十三）年の第一次発掘調査、一九八八（昭和六十三）年の第二次発掘調査、一九八九（平成元）年の第三次発掘調査、二〇〇一（平成十三）年の第四次発掘調査について、その方法を中心に説明する。

第二・三次発掘調査は、同一の目的と方法のもとに実施された一連の調査であり、報告書も一冊にまとめられている。また、第四次調査は国史跡指定のための範囲確認調査で、それ以前の調査とは異なり、川口町教育委員会が調査主体となって実施した行政目的のための発掘調査である。したがって、ここでは第一次発掘調査、第二・三次発掘調査、第四次調査に分けて説明する。

（一）第一次発掘調査

第一次発掘調査は正式な報告書が刊行されていないため、ここでは一九五九年の芹沢長介による一次略報と、鈴木重美による概要報告「越後川口町荒屋遺跡の発掘から」（一九五八年）の記述にもとづくが、調査方法の詳細はあきらかでない点も多い。

調査は一四メートル×八メートルの範囲に二メートル単位のグリッドを組み、そのなかの一〇カ所のトレンチで行った（図13の黒マル印）。遺物集中域を的確にとらえていることから、表面採集による遺物分布を考慮して設定されたのだろう。

分層的に発掘調査を行うため、掘下げは一〇センチ単位で行われた。現在では旧石器時代遺跡の調査において必須とされている遺物出土地点の記録作業は行われていない。

調査成果の詳細は後述の遺構と遺物の章で説明するが、この調査においてすでに住居跡などの遺構が存在する可能性が指摘されている。また、一次略報において遺物の様相が提示され、その後の荒屋遺跡を取り巻く研究を強く方向づけた。

(二) 第二・三次発掘調査

第一次発掘調査から三〇年を経た一九八八年、一九八九年に第二・三次発掘調査が実施された。調査のおもな目的は次のとおりである。

ａ．第一次発掘調査において確認された土壙をはじめとする遺構の調査。

ｂ．遺物の包含状況の確認。

ｃ．遺構と遺物の関係の調査によって得られる遺跡構造の確認。

ｄ．石器組成、細石刃製作技術、荒屋型彫刻刀の機能・製作技術などの解明。

第二次発掘調査では、第一次発掘調査範囲の北側半分東西約八《メートル》、南北約一〇《メートル》が調査区として設定された。調査区は二《メートル》四方の小グリッドに分割され、東から西へＡ、Ｂ、Ｃ、Ｄ、北から南へ０、１、２、３、４の番号が振られ、Ａ０区、Ａ２区などと呼称された（二・三次報告書ではＡ—１区などとされているが、本書ではハイフンを略した）。第一次発掘調査の調査区はＡ１・３区、Ｂ１〜３区、Ｃ３区、Ｄ１区にあたる。調査区のほぼ中央の東西に土層観察用のベルトが設けられた。

前述した調査目的を達成するため、調査方法が検討され、以下の方法などが採用された。

ａ．検出遺物の水平・垂直位置のトータルステーションによる計測とコンピューター登録。

ｂ．一《メートル》四方の小グリッドの同一層五《センチ》を単位とする掘り下げ。

ｃ．発掘土壌すべての三《ミリ》乾燥ふるい選別による細石刃や彫器削片、細片などの微細な石器類の回収。

ｄ．炭化物など検出された植物遺体の可能な限りの回収と大型炭化物の出土位置の記録。

e．植物遺体の回収や脂肪酸分析を目的とした土壌サンプルの採集。

荒屋遺跡の出土遺物はきわめて多量であり、aのトータルステーションによる遺物出土位置計測は、遺物の出土位置の記録に大いに威力を発揮した。荒屋遺跡では細石刃や彫刻刀削片、砕片など微細な石器類が大量に出土する。そこで、発掘した土壌の乾燥ふるいが計画され、包含層は一《メートル》グリッドの層厚五《センチ》を単位として、遺構埋土は分層単位（平面的に大きく広がる層は四分割）ごとにふるいが行われた。

　第三次発掘調査は、調査対象をA～D0～3区に縮小して実施された。調査方法は基本的に第二次発掘調査を踏襲したが、遺物の出土位置計測は細石刃や加工された狭義の石器（以下、「道具類」という）、石核、三《センチ》以上の剝片、五《センチ》以上の礫について行うこととし、他の遺物は一《メートル》グリッド単位で取り上げた。これは、調査の効率を考慮したためである。

　このような調査方法には、当時の旧石器時代遺跡の調査法として一般的でないものもあったが、遺跡の特性と重要性を考慮して採用されたものであった。こうして回収された細石刃や彫刻刀削片などの微細な石器や植物遺体は、後述する出土石器群の様相、遺跡の環境や年代、当時の人間の活動を解明するうえで重要な情報をもたらした。

（三）第四次発掘調査

　第四次発掘調査は二〇〇一（平成十三）年十月二十二日～十一月九日に川口町教育委員会が調査主体者となって実施された。この調査は前述したとおり、遺跡の史跡指定を念頭に置いた範囲確認調査である。したがって、第一～三次の調査対象となった遺物集中域は調査対象とされず、遺物集中域の広がりの把握やこの他の集中域の発見を目的として、周辺に一八カ所のトレンチが設定された（調査面積一三六平方メートル《メートル》）。

各トレンチともローム層を一〇センチ《センチ》ほど掘り下げた時点で調査を終了し、完掘していない。また、基本層序を確認するため、遺跡の北東隅に位置する三トレンチの深掘と遺跡北側段丘崖の法面清掃による層序確認を行っている。ふるい選別も実施されたが、悉皆採取を目的としたものではなく、サンプリングエラーを検証することを目的としたもので、全土壌を対象としたわけではなかった。

このように、第四次調査は範囲確認をおもな目的とし、調査方法もその目的にそって計画されたものであった。その結果、第一〜三次発掘調査の対象であった遺物集中域の広がりがあきらかになるとともに、その周縁部における遺跡のあり方、遺跡が立地する地形などに関する重要な知見が得られた。

2　遺跡の立地と周辺の遺跡

（一）遺跡の位置と立地

荒屋遺跡は本州島の日本海側中央やや北寄りの北緯三七度一六分・東経一三八度五二分に位置し、新潟県長岡市（二〇一〇〔平成二十二〕年三月三十一日に長岡市に編入合併されるまでは北魚沼郡川口町）西川口荒屋に所在する。

遺跡は先にも述べた通り、信濃川と魚野川との合流地点に張り出した河岸段丘上に立地し、遺跡の標高は約八六・六メートル《メートル》で、魚野川河床との比高は約一五メートル《メートル》である。二つの大河川の合流部と発達した河岸段丘という立地環境が荒屋遺跡独特の景観をもたらしている。

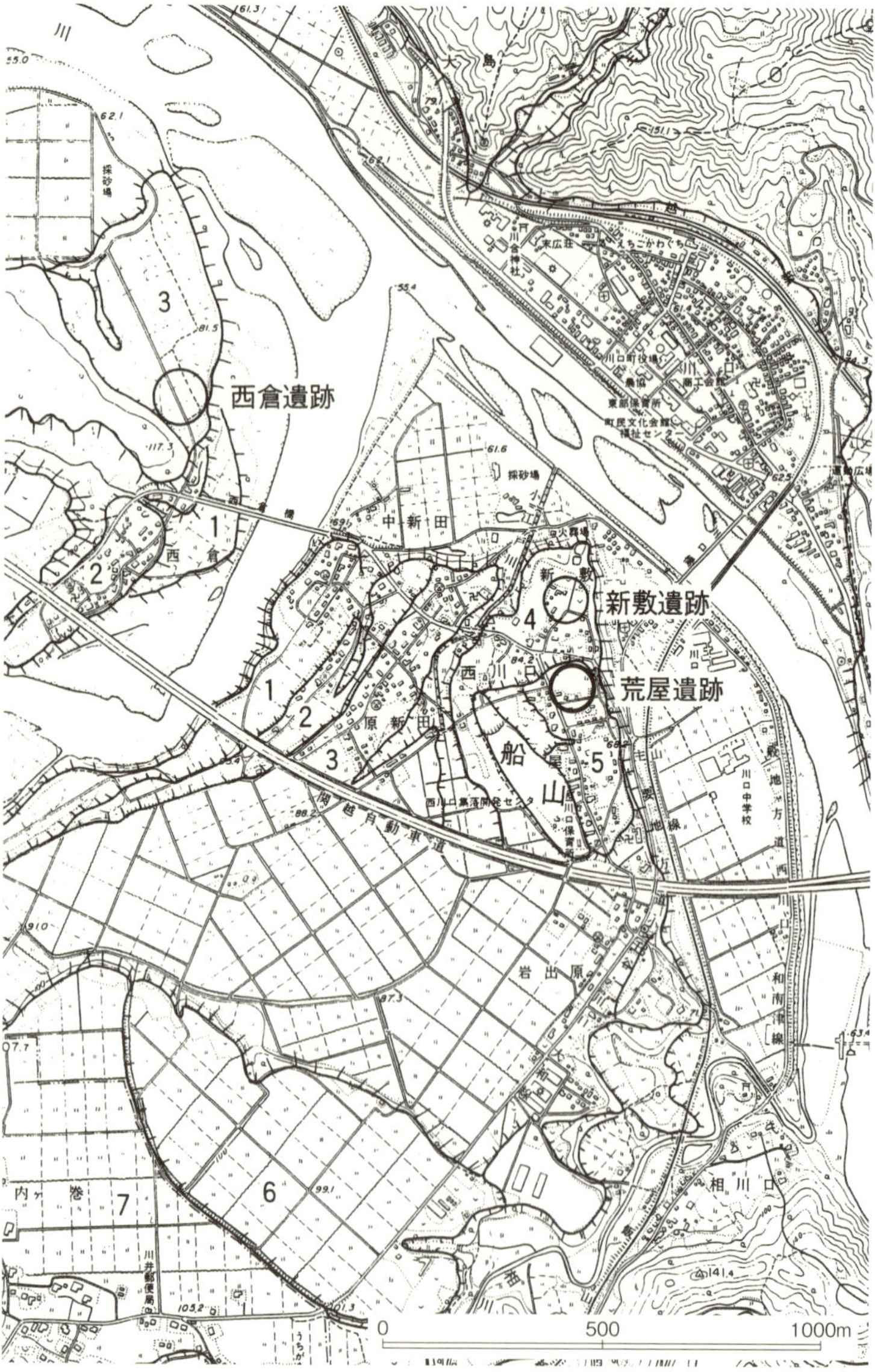

図15　荒屋遺跡周辺の河岸段丘区分（佐藤1988より）

（二） 周辺の河岸段丘と遺跡形成時の地形

長岡市から新潟長野県境付近までの信濃川中流域は河岸段丘が発達する。新潟平野団体研究グループの「信濃川の河岸段丘」（『アーバンクボタ』No.17、一九七九年）では、信濃川中流域の信越県境から小千谷南部にかけての河岸段丘が九段に区分された。荒屋遺跡のある信濃川と魚野川の合流点付近は、二つの川のはたらきによって段丘形成時代前に広い平野が形成され、その後の段丘形成の中心となったという。さらに、川の下刻作用のほか、合流による河川流路の移動などの影響を受け、段丘の配列は複雑なものとなった。

佐藤雅一は、「周辺の遺跡」（『西倉遺跡—第二次発掘調査—』、一九八八年）において、荒屋遺跡のある信濃川・魚野川合流点付近では七段の段丘面が確認され、遺跡はそのなかの下から五段目の段丘面に立地するとした。そして、荒屋遺跡の西側の高まりである船山を残丘とし、遺跡の立地を河口にあった三角州と推定した。ここでいう河口・三角州は、河川が山地から平野部に流れ出た部分の地形という意味だろう。

荒屋遺跡の立地する段丘面は、前出の新潟平野団体研究グループによれば後期更新世に形成された塩殿面に比定されている。近年の信濃川ネオテクトニクス団体研究グループの「信濃川中流域における第四紀末期の河岸段丘面編年」（『地球科学』第五七巻三号、二〇〇三年）によれば、荒屋遺跡が立地する段丘面は、真人面群に区分されている。真人面群は、風成層中に一万三〇〇〇年前から一万五〇〇〇年前に降灰した浅間草津軽石（As—K）が堆積し、二万五〇〇〇年前に降灰した姶良丹沢火山灰（AT）が堆積しない段丘面と定義され、この間に離水した段丘面と推定されるものを一括したものである（年代は、当該論文

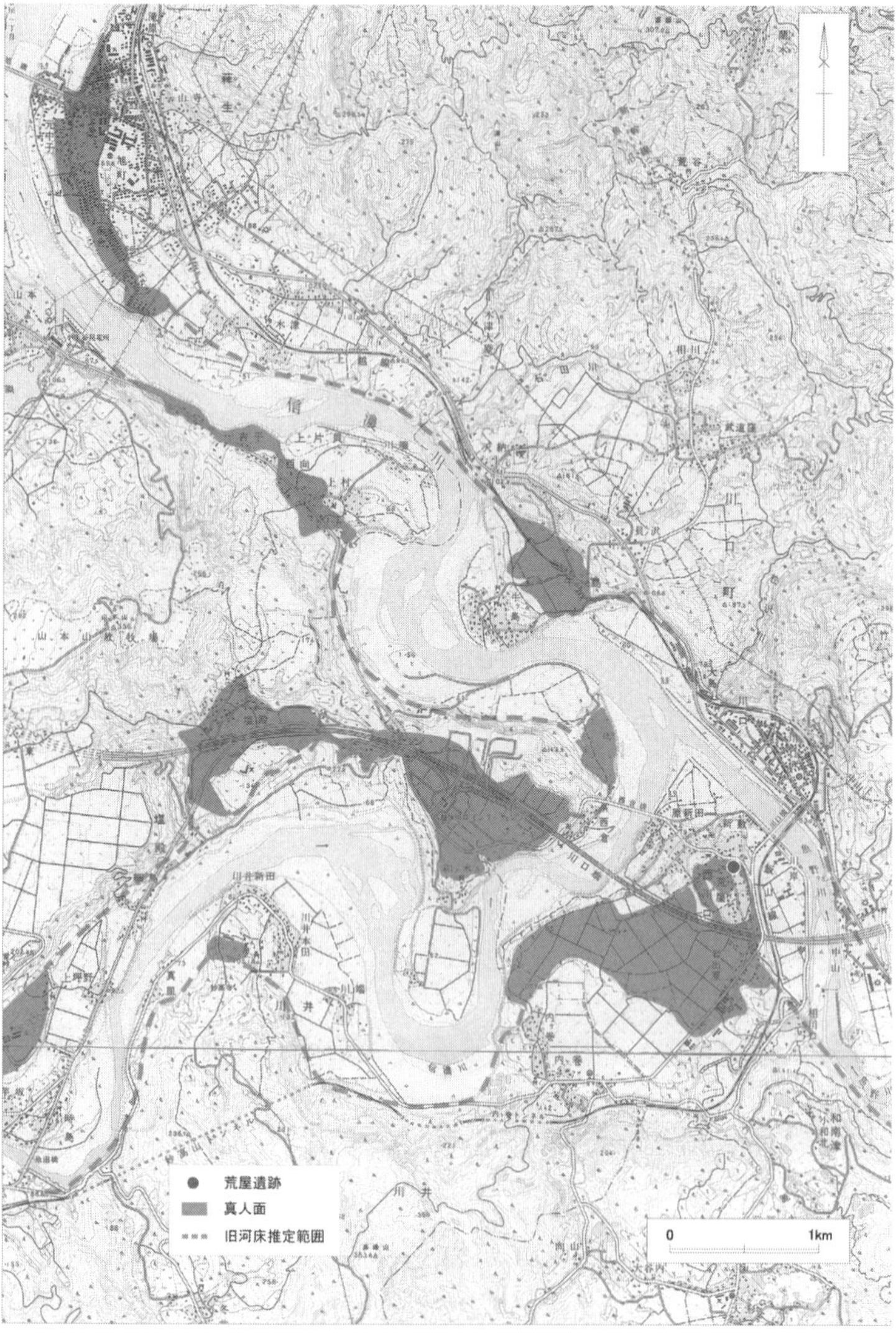

図16　真人面の広がり（高倉2010）

からの引用）。そして、段丘堆積物の水成層・風成層境界部にＡｓ－Ｋが堆積する真人面群中最低位の段丘面を真人面として指標段丘面とした。

この真人面はＡｓ－Ｋ降灰頃に離水した範囲に対応し、荒屋遺跡周辺の信濃川・魚野川合流点付近では大きな広がりをもつ。荒屋遺跡が形成された年代はＡｓ－Ｋ降灰の約二〇〇〇年前であり、遺跡形成時には真人面は離水していないことになる。しかし、荒屋遺跡が真人面の一段上の段丘上に立地し、その比高が約三メートルと低いことを考えると、荒屋遺跡形成時には真人面に相当する範囲は河床および氾濫原であったと思われる。遺跡の南西にある船山は周囲を侵食された真人面群の残丘とされている。船山の西側は真人面と接しており、船山が侵食を受けたのは真人面形成時を大きくさかのぼらない時期と推定されることから、船山は荒屋遺跡形成時にはすでに侵食を受けて残丘となっていた可能性が高い。

真人面より下位の段丘は完新世以降に形成された段丘面で、上位から十日町面群、川井面群とされている。遺跡の眼下には約二五メートル段丘崖を隔てて、完新世後半に離水したと考えられている井川面群に比定される段丘面が広がっており、現在の魚野川との比高は数メートルである。

（三）遺跡と周辺の微地形

荒屋遺跡は、南から北に緩く傾斜して舌状にのびる段丘面の先端に立地し、遺跡周辺では段丘面は南東から北東に緩く傾斜している。段丘面上には微高地や小規模な流路などが形成されるが、船山の東側には比較的大規模な流路の痕跡を確認できる。この流路の水源付近と考えられる地点から、非常に小規模でわかりにくいものではあるが、北進して遺跡に流入する流路の痕跡を認めることができる。

遺跡の南西約二〇〇mには、前述の船山とよばれる周囲との比高数～一〇メートルの小高い丘がある。現在、遺跡が立地する段丘面と船山は東を除く三方を真人面に囲まれている。前述のとおり遺跡形成時に真人面は河床および氾濫原であったと推定される。したがって、荒屋遺跡は周囲を比高約三メートルの広大な氾濫原に囲まれた中州状の微高地に立地し、その南西側に比高十数mの船山がひかえるという特異な景観にあったと考えられる。

（四）周辺の遺跡と歴史的環境

荒屋遺跡の周辺には旧石器時代から縄文時代草創期・早期の遺跡が点在する（図17）。荒屋遺跡の北、一段下の段丘面上に新敷遺跡があり、縄文時代早期の押型文土器が採集されたほか、旧石器時代の尖頭器や彫刻刀が採集されている。また、信濃川をはさんだ対岸の真人面には西倉遺跡がある。三次にわたる発掘調査が行われ、一九八七年の第二次発掘調査で縄文時代草創期の爪形文土器が出土した。また、荒屋遺跡に隣接する荒屋C遺跡は縄文時代中期から後期前半の拠点的な集落で、石錘が多数出土していることから、河川漁撈が盛んに行われたと推定される。

周辺地域における縄文時代の遺跡は河川沿岸部の十日町面群や真人面群に分布し、河川の下刻を考慮すると草創期にくらべて早期以降の方が河川との隔たりは大きかったことになる。佐藤雅一・星野洋治・石坂圭介・岡修司は、「信濃川水系における縄文時代草創期の様相」（『環日本海地域の土器出現器の様相』、一九九四年）においてこうした遺跡立地の変化を、草創期の礫河床に面した水辺環境への進出から、早期の河川移動によって遺跡下に形成された沼沢地への適応ととらえた。

郵便はがき

料金受取人払郵便

麹町支店承認

9858

差出有効期限
平成27年11月
11日まで

102-8790

104

東京都千代田区飯田橋4-4-8
東京中央ビル406
株式会社 同成社
読者カード係 行

ご購読ありがとうございます。このハガキをお送りくださった方には今後小社の出版案内を差し上げます。また、出版案内の送付を希望されない場合は右記□欄にチェックを入れてご返送ください。 □

お名前《ふりがな》　　歳　　男・女

〒　　TEL

ご住所

ご職業

お読みになっている新聞・雑誌名

〔新聞名〕　　〔雑誌名〕

お買上げ書店名

〔市町村〕　　〔書店名〕

愛読者カード

お買上の
タイトル

本書の出版を何でお知りになりましたか？

イ．書店で　ロ．新聞・雑誌の広告で（誌名　）
ハ．人に勧められて　ニ．書評・紹介記事をみて（誌名　）
ホ．その他（　）

この本についてのご感想・ご意見をお書き下さい。

注文書

年　月　日

書　名	税込価格	冊　数

★お支払いは代金引き替えの着払いでお願いいたします。また、注文書籍の合計金額（税込価格）が10,000円未満のときは荷造送料として380円をご負担いただき、10,000円を越える場合は無料です。

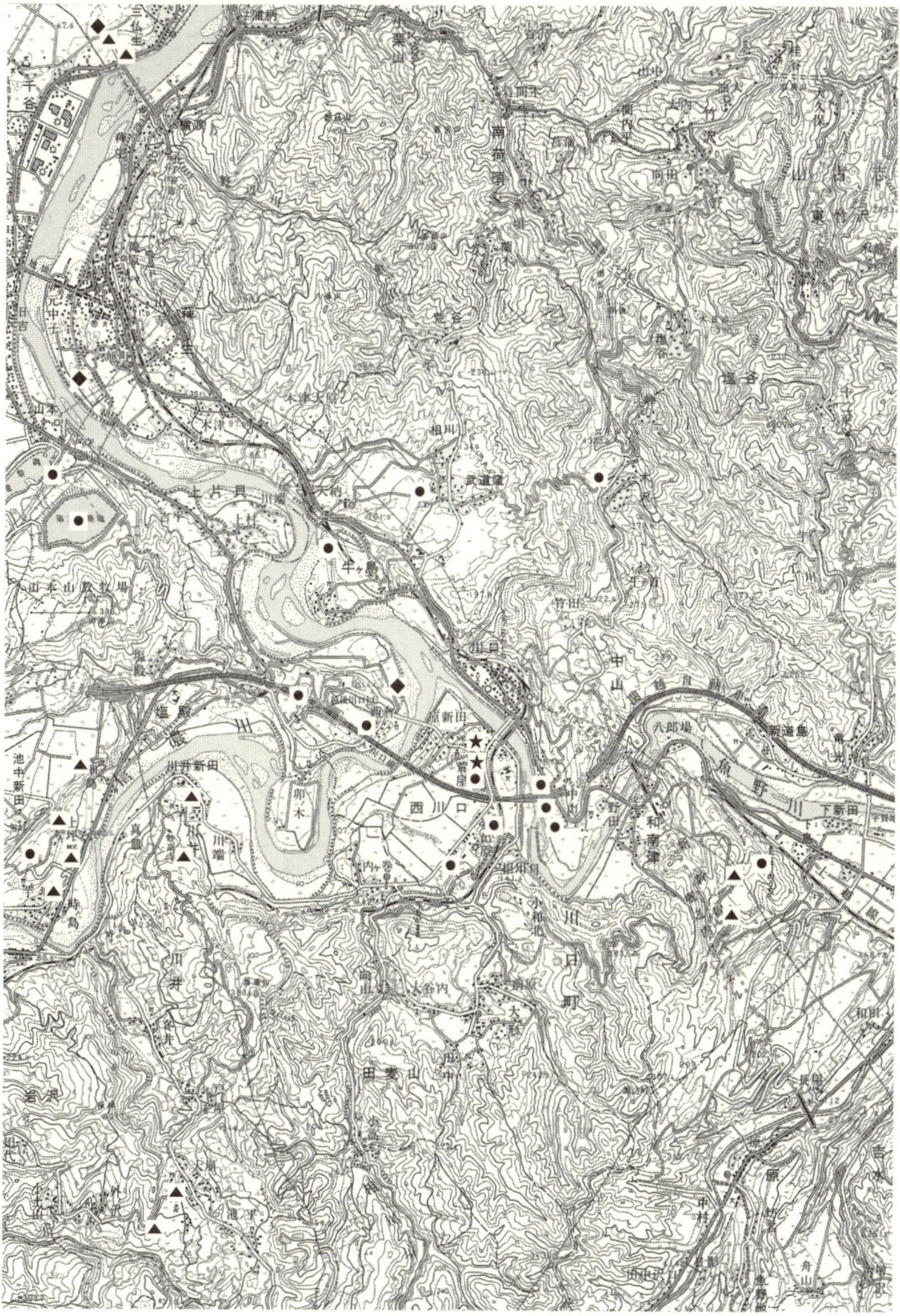

★：旧石器時代　◆：草創期　▲：早期　●：前期以降

図17　周辺の縄文時代の遺跡

3　層　序

(一) 基本層序

本書における基本層序は、報告書にもとづいているが、基本層の層名はローマ数字を使用し、遺構埋土はアラビア数字を使用する（報告書では両者ともアラビア数字で表記している）。報告書は畑耕作土をⅠ層とし、漸移層をⅡ層としており、一次堆積の黒色土は確認されていない。畑耕作による攪乱の結果と思われる。一方、第四次発掘調査では一次堆積の黒色土が確認されたため、四次報告書ではこれをⅡa層とし、漸移層をⅡb層とした。

Ⅲ・Ⅳ層は黄褐色を基調とするローム層である。報告書ではⅢ層をa・b1・b2・cの四層に細分した。いずれも大量の遺物が含まれる。Ⅲa層が調査区全域に分布するのに対し、それ以外のⅢ層は調査区の一部にのみ存在する。Ⅳ層はa1〜a3・cの四層に細分された。大半の遺構がⅣc層上面で確認されていることから、Ⅳc層上面付近に遺跡が形成された頃の地表面が位置すると考えられる。Ⅳa1〜3層が遺物を多量に包含し、Ⅳc層では包含量が激減する点もこの解釈と調和的である。

Ⅲb層〜Ⅳa3層は調査区の一部に遺構を覆って分布し、報告書では遺構埋土ではなく包含層としている。しかし、筆者はⅣa2・a3層は土坑6の埋土、Ⅲa1〜Ⅳa1層は遺構廃絶後の窪地に堆積した層と考える。この点については後述する。

このⅢ・Ⅳ層は粒度が大きい点で、ローム層としてはきわめて特異である。旧石器時代の遺跡調査において、いわゆるローム層とされるのは粘性度の高い黄褐色土であり、粒度は粘土～粘質シルトが一般的である。荒屋遺跡のⅢ層はシルト、Ⅳ層は砂質シルトとあきらかに粒度が大きい。実際ざらざらした感触があり、筆者がこれまでたずさわってきた旧石器時代の遺跡調査において、このような砂質のローム層は経験したことがない。ところが、第二・三次発掘調査範囲の周囲を調査した第四次発掘調査では、こうした砂質のローム層は確認できず、Ⅲ・Ⅳ層は一般的なローム層であった。きわめて濃密な遺物集中部周辺にのみ砂質のローム層が堆積する可能性が高く、その堆積環境と遺物集中部の形成要因との間になんらかの相関関係があるのではないかと推測される。

Ⅴ層は黄褐色砂質シルトだが、遺物をほとんど含まない。Ⅵ層はにぶい黄橙色砂、Ⅶ層はオリーブ褐色砂で、Ⅴ層以下は水成堆積の可能性が高い。

第二次発掘調査では火山灰分析も行われた。報告書では、Ａｓ－Ｋの濃集をⅢ層最上部で確認したとされており、前述の基本層序と照合するとⅢａ1層中と考えられる。遺跡形成時の地表面がⅣｃ層上面付近と想定されることから、荒屋遺跡出土石器群の年代はＡｓ－Ｋ降灰よりも古いとみなすことができる。ただし、Ⅲａ層とⅣｃ層の間の堆積層であるⅢｂ1～Ⅳａ3層は遺跡全体に堆積しておらず、Ⅲａ層がⅣｃ層直上に堆積している箇所もある。したがって、遺跡形成年代とＡｓ－Ｋの降灰の時間差は比較的短く、放射性炭素年代ではその差は約二〇〇〇年である。

(二) 第一次発掘調査における所見

すでに第一次発掘調査において、基本層序や遺構埋土に対する同様の認識が示されていた。第一次発掘調査において基本層序は、表土(腐食土

図18　土坑01（報告書より）

層）四〇～五〇センチ、ローム質黄褐色砂質土三〇～四〇センチ、硬質の砂層とされ、Ⅲ・Ⅳ層に相当する黄褐色土層は砂質土とされている。芹沢は一次略報において、ローム質砂層中に部分的に黒色帯がレンズ状に挟入していたと記している。

また、D1区で硬質の砂層中に直径約一メートル、深さ約七〇センチの土坑が調査されている。前者は、第二次・第三次調査において遺構の埋土として確認されたものと推定され、後者は土坑01とされた土坑である（第二・三次調査では、第一次調査においてこの土坑の調査を担当した相沢忠洋にちなんで「相沢土坑」とよばれていた）。そして、これら「黒色帯」や「相沢土坑」中に、炭化物が含まれていることも確認されている。

鈴木重美（前掲）によればB1区・B2区から「住居と考えられるような所が出てきた」というが、芹沢はこれには言及していない。しかし、いずれにしても第一次発掘調査の時点で、荒屋遺跡の土層堆積がただならぬものであることが認識されていたことがわかる。

（三）第四次発掘調査における所見

一方、第四次発掘調査では層序と遺跡の立地に関する重要な所見が得られた。第四次発掘調査では、第二・三次発掘調査区北側の法面を清掃して土層観察を行うことができた。そこでは、第二・三次発掘調査において段丘礫層とされたⅦ層下の礫層に相当すると思われる礫層が確認された。しかし、その礫層の下にはⅦ層と同様のオリーブ褐色の砂層が連綿と堆積していたのである。また、調査区の東約四〇メートルに位置する3Tでの深掘においては、Ⅶ層に相当するオリーブ褐色砂層を六〇センチほど掘り下げたものの礫層は確認できなかった。

こうした事実から、この礫層は段丘礫層ではなく、オリーブ褐色砂層中にレンズ状に堆積したものと推定される。その分布は遺跡全面に広がらず、遺物集中域下に分布するものと思われる。遺物集中域の微地形の形成要因を考える上できわめて重要な所見と考える。現状ではかぎられた土層断面での観察所見でしかなく、段丘構成層上部に部分的に堆積した、という以上の詳細は不明である。

ここでは二つの可能性を指摘しておこう。一つめは遺跡が立地する小規模な自然堤防状の微高地の基盤となる礫層とするもの、二つめは段丘構成層中の堆積物で微高地というよりは礫を運搬するような流れの速い部分の存在を示すとする推定である。

Ⅲ　遺構からみる遺跡の様相

荒屋遺跡では竪穴住居状遺構一基、土坑一九基(細分の結果二一基)、ピット一基の遺構が確認された。これほど多数の遺構が確認されるのは、旧石器時代の遺跡としては特異な事例であり、当時の人間行動の復元や生業や居住様式に関する議論への貢献が期待される。

本章では、最初に報告書にもとづいて検出遺構の概要を説明する。次に、報告書に示されたデータに筆者なりの解釈をくわえながら主要遺構を説明する。最後に検出遺構の認定や解釈に対する資料批判を行う。

1　検出遺構の概要

荒屋遺跡の発掘調査の最も重要な成果の一つは、竪穴住居跡や土坑などの遺構が多数確認されたことである。日本の旧石器時代の遺跡では礫群や配石などの遺構は多数確認されているが、竪穴住居跡や土坑など地面への掘込みのある遺構の調査例は極端に少ない。遺構はその場での人間行動や遺物の使用法などの推定、生業や居住システムについて議論するための貴重な情報をもたらすと

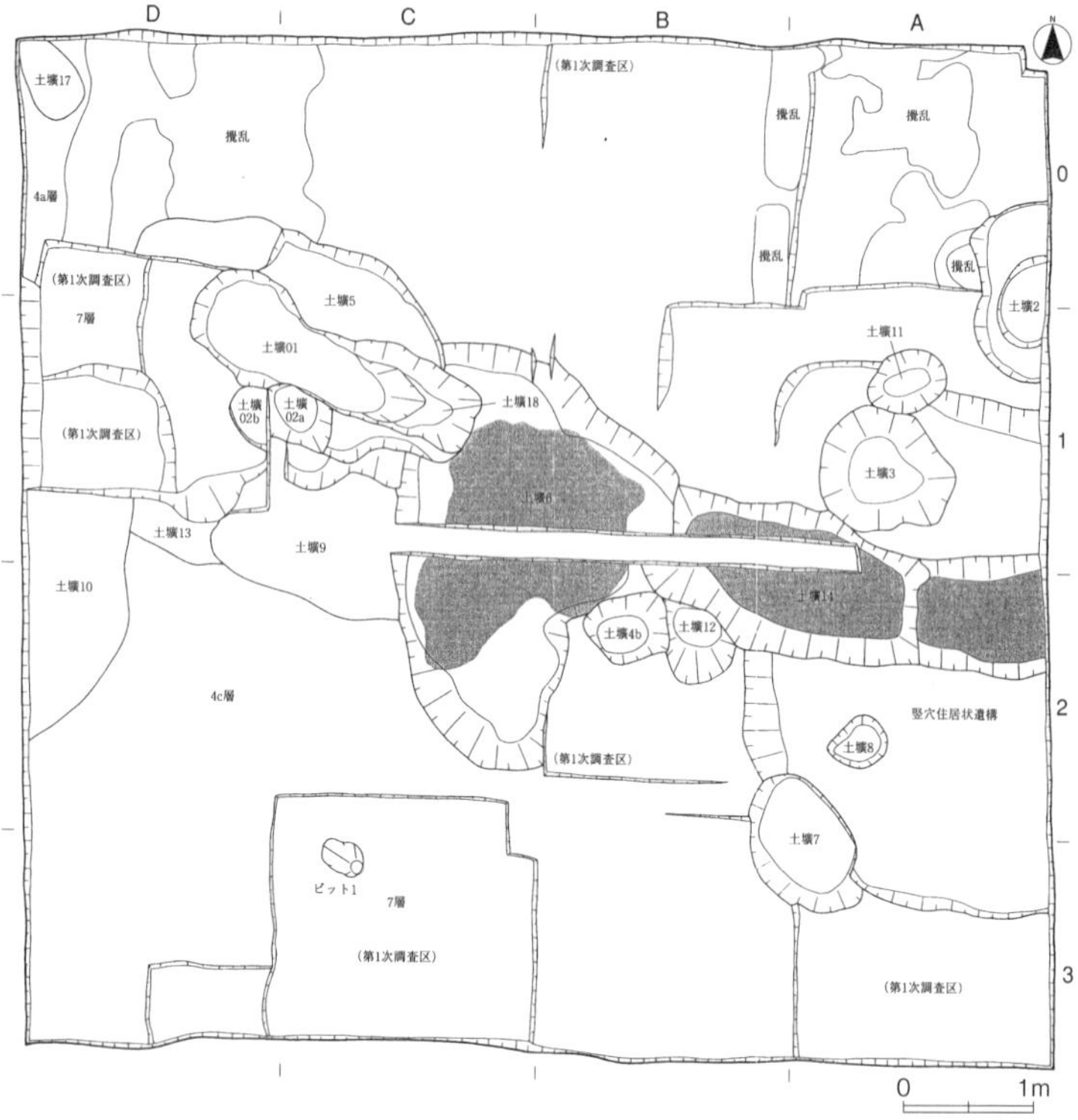

図19　遺構分布図（報告書より）

考えられる。荒屋遺跡は、遺構を介してこうした研究が実践される可能性のある日本で唯一の旧石器時代の遺跡といってもいいだろう。

報告書によれば、第一次発掘調査で土坑二基、第二次・三次調査で竪穴住居状遺構一基、土坑一九基（細分の結果二一基）、ピット一基の総数二三基が確認され、このうち竪穴住居状遺構と土坑一九基が調査された（報告書では「土壙」としているが、本書では「土坑」と表記する）。これらの遺構は、複雑に重複しながら第二次・三次調査区のほぼ中央を東西に横断するように帯状に分布する。

それらのなかでは、調査区東に位

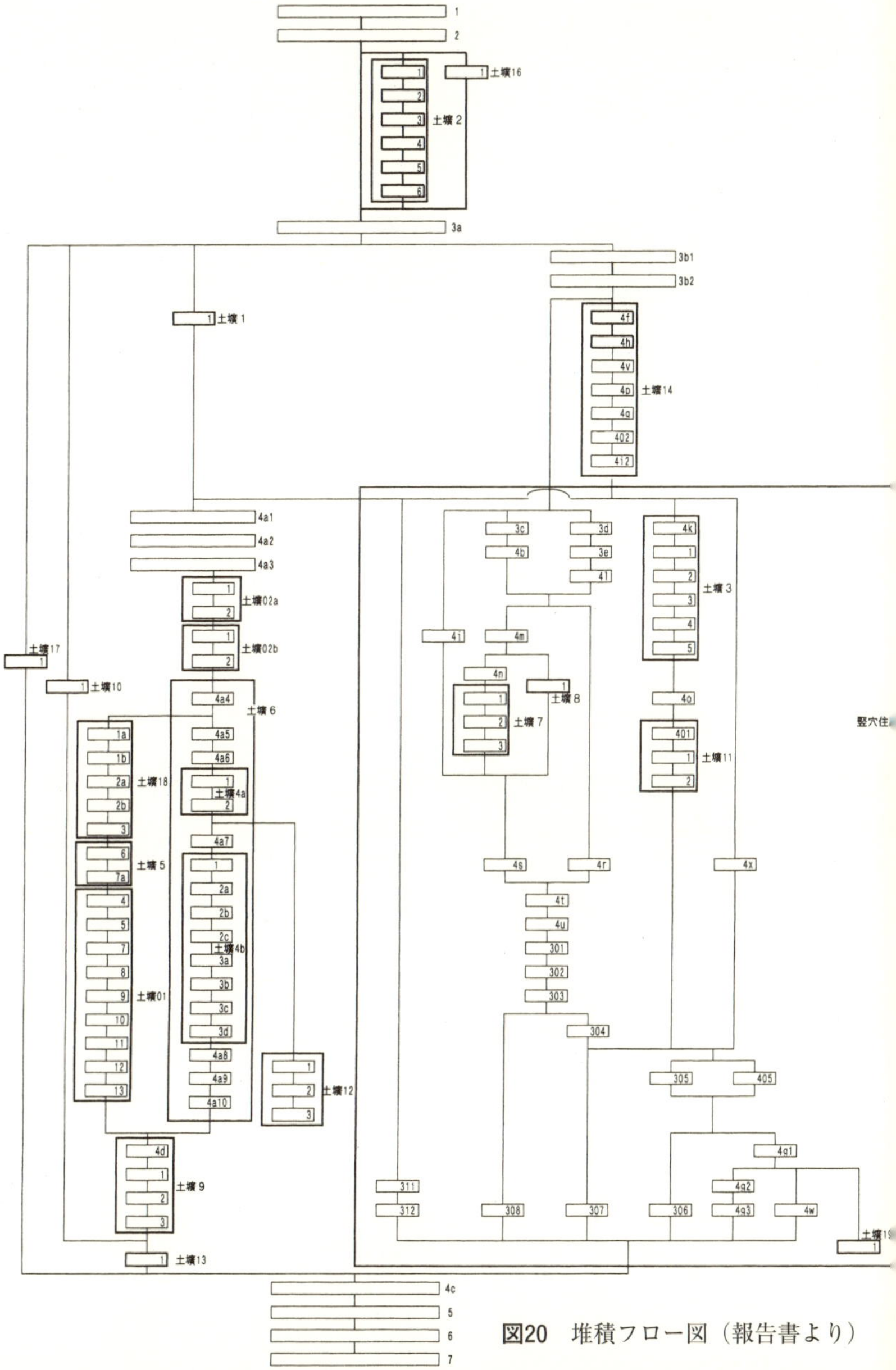

図20 堆積フロー図（報告書より）

置する竪穴住居状遺構がその規模と継続期間などから、遺跡の中心となる遺構と推定されている。また、竪穴住居状遺構の西側で重複する土坑14、その西に位置する土坑6では、繰り返しの火の使用が確認され、これらも中心的な遺構と推定される。第一次発掘調査で土坑二基が確認されたトレンチは、第二・三次発掘調査のD1区にあたり、この帯状分布の西端に位置する。

遺構確認層位は基本層Ⅳc層上面のものが多いが、土坑2・16がⅢa層、土坑1・14がⅣa1層を掘込んでいる。竪穴住居状遺構埋土中で確認された土坑もある。このように層位的な段階差が認められることや遺構の重複が激しいことから、荒屋遺跡は当時の人類によって繰り返し利用され、その時間幅は基本層のⅣc層からⅢa層が堆積する期間であったと推定される。

こうした土地の改変をともなった遺構のほかにA・B—1・2区Ⅲb1層で礫群が確認された。径数～二十数チセンの礫が不規則に集中しており、詳細は不明であるが、何らかの人間活動あるいは周囲からの廃棄行為の存在を示すものであろう。

2　主要遺構各説

(一)　竪穴住居状遺構

長径三八五チセン、深さ二一チセンの落ち込みである。調査区東壁にかかって検出されたため、全体の規模や形態等は正確にはわからないが、報告書ではほぼ半分を調査したとして、平面形を隅丸方形と推定している。壁の立ち上がりは、南側で急勾配、北側で緩やかである。埋土は二七層確認されている。シルト～砂層で構成され、なかには均質な砂層が認められる。床面を保存するため、埋土最下層は掘り下げられなかったので、柱穴は確認

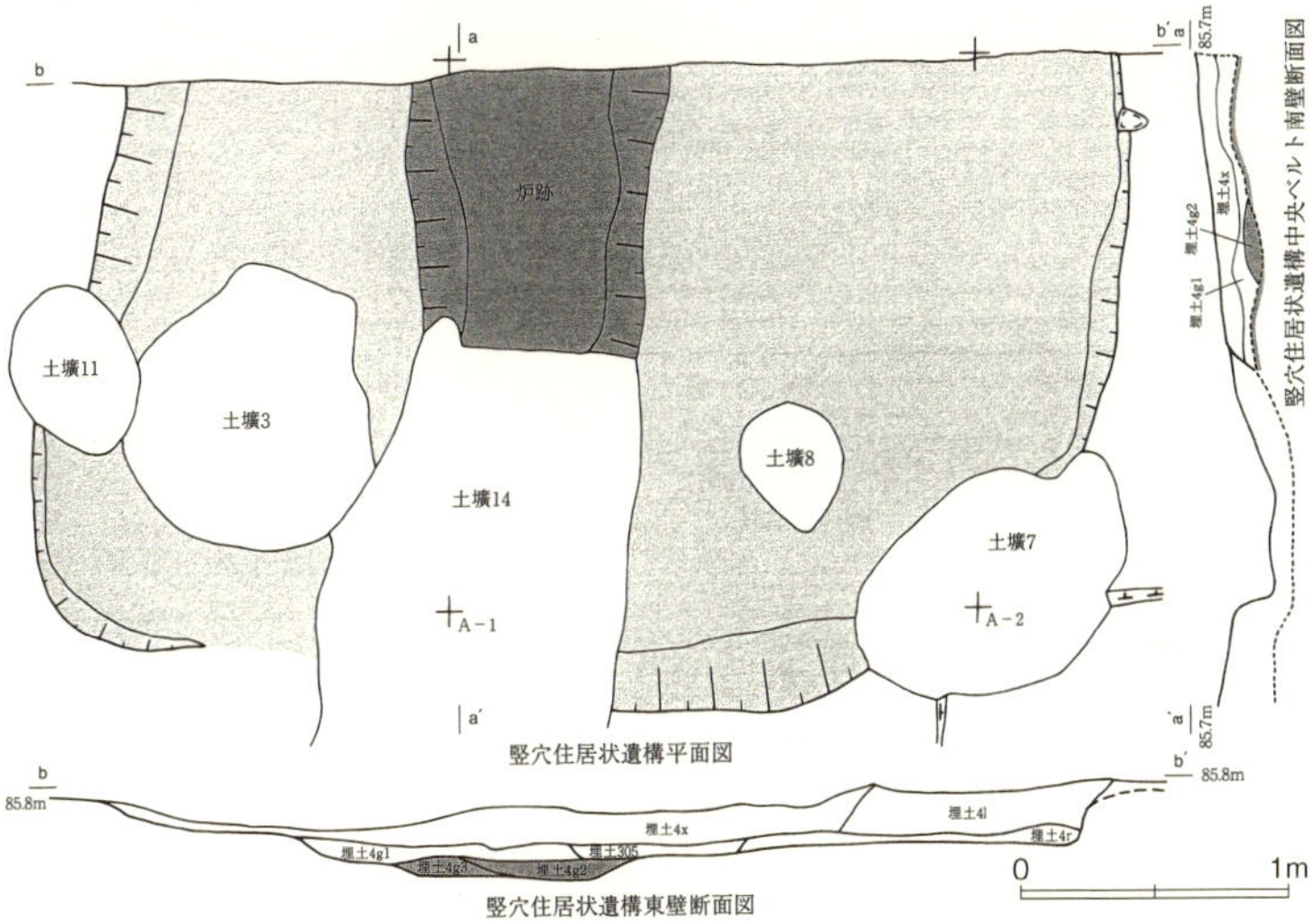

図21　竪穴住居状遺構・土坑01平面・土層断面図（報告書より）

されていない。床面の構築状況も正確にはわからないが、重複する土坑3、7、8、11によって、床面については部分的に状況が把握されている。

この遺構のほぼ中央と推定される場所に長径一〇五センチ以上、短径九五センチ、深さ八センチの窪みがあり、焼土層と黄褐色砂層とが交互に堆積していることから炉と推定された。この焼土と砂の互層が炉の使用にともなう人為的なものなのか、使用時の焼土と自然堆積の砂の繰り返しなのかは定かでない。炉埋土の焼土層が竪穴住居状遺構の床面に広がる焼土層4g層に直接覆われることから、炉と竪穴住居状遺構は一体のものと推定されている。

遺構埋土から、細石刃三六二点、彫刻刀六四点、彫刻刀削片六八三点、掻器五点など、剥片・砕片を含む八〇九五点の遺物が出土した。なかでも床面を覆う4g層からは、剝片、砕片を含む五三九点の石器が出土したが、彫刻刀が八点、彫刻刀削片が九四点と彫刻刀関連遺物が比較的多く含まれていた点が注目される。

(二) 土坑

主要な土坑について個別に詳述する。

土坑01　調査区中央からやや北西よりに位置し、第一次発掘調査で相澤忠洋によってその存在が確認されていた土坑である。第二・三次調査で完掘した結果、長径二三二センチ、短径九八センチ、深さ七八センチの長円形の土坑であることが判明した。荒屋遺跡で最も深い土坑で、壁の立ち上がりは長軸東端がやや緩い以外ほぼ垂直である。埋土は九層堆積し、5層以外は多くの炭化物を含んでいた。下部は水平堆積で、上部が崩落土を中心とした自然埋没を示すとされている。埋土八層ではフローテーション選別が行われ、オニグルミの種子が一点出土した。

また、土坑5、18とはその位置と広がりがほぼ一致する。埋土の堆積状況から土坑01→土坑5→土坑18の順序で、繰り返し掘削されたと想定される。土坑5は、長径二九〇センチ、短径一八〇センチ、深さ二七センチのやや浅い不整形の土坑である。土坑5が埋没した後に、土坑18が掘削された。土坑01は、第一次発掘調査以降、芹沢らによりその形態から貯蔵穴の可能性が指摘されてきた。報告書においても形態、埋没状況、炭化した種子の出土などを根拠に貯蔵穴と推定している。

土坑02a、02b　土坑01に南接する直径六〇センチ弱の小型の土坑で、土坑01より新しい。埋土上部から長径四一センチ、短径二二センチの大型で扁平な礫が出土した。この遺構下の西側に重複して、ほぼ同規模の土坑02bが

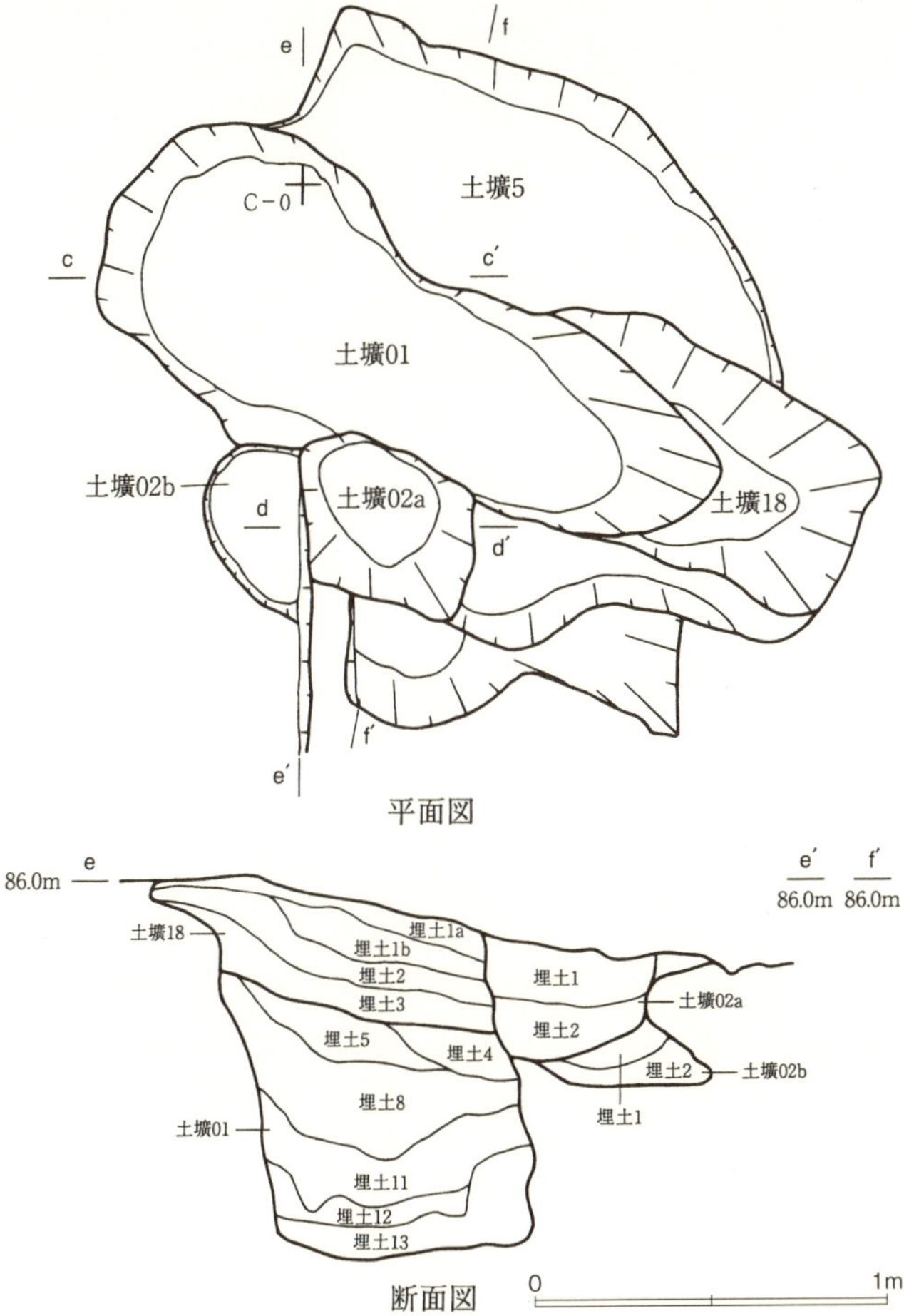

図22 土坑01、02a、02b、5、18平面・土層断面図（報告書より）

確認されており、この場所で径数十チセンの土坑が最低二回掘削されたことになる。

土坑02a、02bは土坑6埋土4a4層より新しく4a3層（後述）より古いとされている。

土坑1　土坑01や02と重複する長円形と推定される浅いくぼみで、土坑02よりも古い。報告書の完掘写真を見るかぎり、土坑というよりは浅い窪地という印象をうける（図25）。第一次発掘調査で上半が掘削されており、長径約一四〇チセン、短径約九六チセンの長円形と推定されるが、本来の規模は不明である。埋土は暗い色調のブロックがまだらに混じった不均質な砂質シルトである。剝片・砕片を含む八八八二点もの遺物が出土した。土坑規模・埋土の土量を考慮すると非常に多量である。彫刻刀八点、彫刻刀削片一六一点と、まとまった彫刻刀関係資料が含まれていた点が注意される。また、完掘写真から底部で礫数点が出土したことがわかる（図25）。

土坑6　調査区のほぼ中央に位置する長径（南北）三二〇チセン、短径（東西）二二〇チセン、深さ五五チセンの不整円形の土坑で、壁の立ち上がりは急勾配である。埋土は七層あり、二枚の焼土層を含む。

最下層の4a10層は混入物の少ない砂層で人為的に敷き詰められたとされている。その上面に炭化物を多く含む焼土層4a9層が水平に土坑ほぼ全面に広がる。その上を均質な薄いシルト層の4a8層が覆うが、この層の堆積には水が介在した可能性がある。炭化物や出土遺物も少ない。この層の堆積後に小ピット状の土坑4bが掘り込まれ埋没している。土坑4bの埋土は水平堆積を基調としており人為的に埋め戻された可能性がある。

さらにその上には壁際の4a7層、土坑中央付近のレンズ状堆積4a6層がある。4a7層は炭

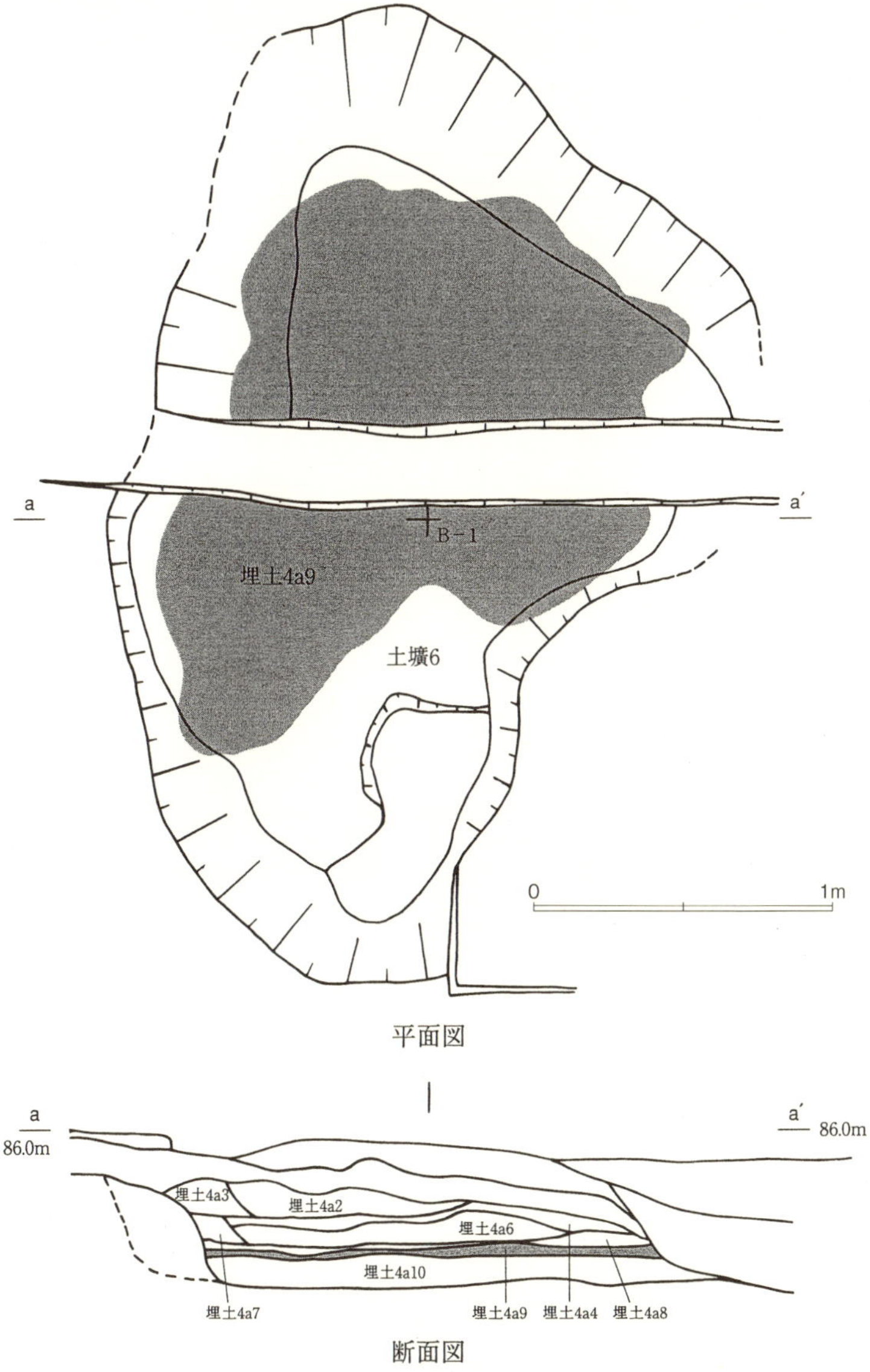

図23　土坑６平面・土層断面図（報告書より）

化物やブロック土を多く含み、4a6層は比較的均質な層である。4a7層と4a6層の間には浅い小ピット状の土坑4aが掘り込まれている。4a6層の上を炭化物、焼土などを多く含む不均質な4a4層がほぼ水平に覆っている。4a9層、4a4層の二枚の焼土層は、前者は焼け面と考えるが、後者は焼け面なのか焼土を多く含む堆積土なのか判然としない。水平堆積であることから火が使用されたと考えたい。

報告書において基本層とされたⅣa3・a2層の分布範囲は図示されていないが、出土遺物の分布図から土坑6の上に堆積していたことがわかる。しかも、Ⅳa3層は土坑6層の南北壁立ち上がり付近に堆積し、Ⅳa2層は土坑の中央付近に堆積している。Ⅳa3層直下の4a4層が水平な焼土層であることから、4a4層、Ⅳa3・a2層は4a9～4a6層と同様にⅣa3層は壁際の流入土、Ⅳa2層はその上のレンズ状堆積層という堆積サイクルとして理解すべきであろう（以下、Ⅳa2・Ⅳa3層を4a2・a3層とする）。

ただし、4a3層は土坑6の北西にある土坑02a、土坑02bを、また焼土層4a4層は同じく北西に位置する土坑18を覆っている。とくに4a3層の範囲は土坑6の北西側の範囲外に広がっており、土坑6の北西側の壁の立ち上がりが緩かったことを示唆している。土坑6が形成されたときに土坑01、5、18の一連の土坑は半埋没の窪地であったと推測される。

遺物は、火の使用とかかわる焼土層や土坑中央のレンズ状堆積から多く出土する傾向がある。前者では、4a9層から彫刻刀三点、彫刻刀削片を含む二三一四点、4a4層から彫刻刀一二点、彫刻刀削片一四六点を含む一七二六点が出土した。後者では、4a6層から彫刻刀七点、彫刻刀削片九二点を含む七七〇点、４ａ２層から細石刃一五一点、彫刻刀一八点、彫刻刀削片三二二点を含む五九九七点が出土した。

　これらの所見から、土坑６の構築から廃絶までを復元してみよう。まず掘削と埋め戻しの後、火が焚かれて最初の焼け面４ａ９層が形成された。その後、均質なシルト層４ａ８層が堆積した。その堆積には水が介在したと推定され、土坑の機能が休止した期間の存在を示している。その後、土坑４ｂが掘削され埋めもどされ、さらに壁際に４ａ７層が自然埋没で堆積した。それにつづく４ａ６層は遺物を多く出土しており、周辺では火の使用を含むヒトの行動が盛んに行われていたと推定される。層の形成に周辺からの廃棄行為がかかわっていた可能性が高い。４ａ６層の上ではふたたび火が使用され、４ａ４層が形成された。その後、土坑は廃棄され、壁際から土坑北西側にかけて流入土４ａ３層、中央付近に４ａ２層が堆積した。４ａ２層は遺物を多く含み、４ａ６層と同様その形成に廃棄行為がかかわった可能性が高い。その後、遺物包含層Ⅳａ１層が堆積し、土坑は三たび使用されることはなかった。

　このように、土坑６は埋土の堆積状況から、二サイクルの火の使用と休止期間があり、その間の埋没状況と人間行動とのかかわりを推定することができる。また、その規模の大きさや焼け面の存在などから竪穴住居状遺構や次に述べる土坑１４などとともに調査区のなかで中核的な遺構と考えられる。

土坑１４

　土坑１４は竪穴住居状遺構と土坑６との間に位置し、重複関係からこれらよりも新しい土坑とされている。平面プランは長径（東西）二二〇センチ、短径（南北）一一七センチの長円形、深さは五二センチで、断面形は底面は緩やか

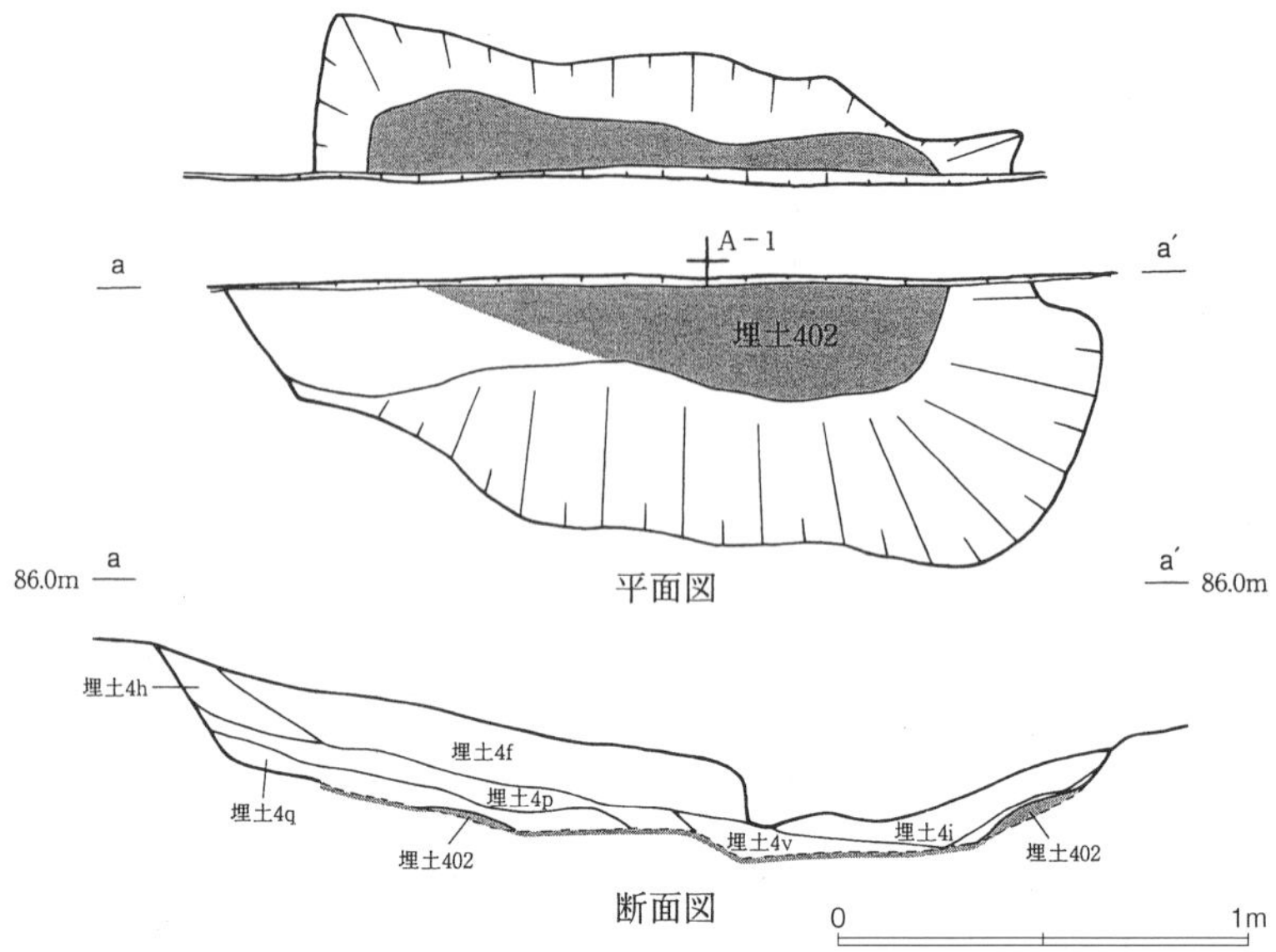

図24　土坑14平面・断面図（報告書より）

に湾曲するが上半は急勾配に立ち上がる。底面は東半分が一段低い。埋土は七層あり、四枚の焼土層があるとされ、繰り返しの火の使用が推定されている。また、土坑6と類似した構造をもつとされている。

埋土には、土坑底面のほぼ全面に焼け面とされる焼土４０２層、４ｉ２層がある。これを覆って土坑西半に均質な黄褐色シルト層４ｑ層が堆積し、さらに明黄褐色ブロックを含む４ｐ層が覆っている。土坑東半には均質な細砂４ｖ層が堆積し、その上に焼土、炭化物を若干含む砂質シルト４ｉ層が堆積する。４ｐ層の上に均質な砂質シルトの壁際堆積４ｈ層があり、中央に炭化物を多量に含む４ｆ層が堆積している。

遺物の出土状況をみると、焼土層４０２層、４ｉ２層やその直上のシルト層４ｑ層、４ｖ層の出土点数はきわめて少ないが、ブロック土を多く含む4p層からは一一八四点と多くの遺物が出土した。その上の壁際堆積の4h層から三六一点、レンズ状堆積の4f層からは一六一八点と多量の遺物が出土し、周辺での人間活動やそれに関連する廃棄行為の存在が予想される。焼土層の出土状況には違いがあるものの、ブロック土や炭化物を多く含む不均質な土層や土坑中央のレンズ状堆積から多く出土する傾向は土坑6と一致する。

底面の焼け面を均質な砂質土が覆い、その上にふたたび焼土が堆積し、その上に壁際堆積、土坑中央に遺物、炭化物、焼土を多く含むレンズ状堆積がある。こうした一連の埋没状況は土坑6と共通しており、同じ使用サイクルの存在が予想される。

土坑14は西側で土坑6、東側で竪穴住居状遺構を切っている。土坑6との切り合いでは、土坑6の埋土4a4層だけでなく、その上に堆積している基本層序Ⅳa1層をも切っている。このことから土坑14は土坑6がほぼ完全に埋没してから掘り込まれたことがわかる。一方、竪穴住居状遺構との切り合いでは、土坑14は竪穴住居状遺構の埋土最上層の4x層を切り込んでおり、竪穴住居状遺構がほぼ埋没してから掘り込まれたとされている。

3　遺構検証の必要性と方法

(一)　検証の必要性

旧石器時代の遺構については、自然の営力による形成、帰属時期などの疑義が提出されているものが少なくない。荒屋遺跡で検出された遺構については、現時点で表立った疑義は提出されていない。しかし、荒屋遺跡は当該期では数少ない住居跡と考えられる遺構のほか二四基もの土坑が確認されるなど、この時期としては他に類例のない特異な事例である。したがって、これらの遺構に対してなんらかの資料批判が行われるべきと考える。

実際、荒屋遺跡の遺構には、①埋土に砂層があるなど水の営力の存在を示す痕跡がある、②全体として遺構群が帯状の分布を示すなど、遺構として不自然な状況も認められる。そこで、ここでは荒屋遺跡で検出された遺構に対して、その是非を含めた資料批判を行うこととする。

(二) 検証の方法

旧石器時代の遺構とりわけ住居跡に対して、しばしば疑義が提出されていることは前述したとおりである。稲田孝司は著書、『古代史復元1 旧石器人の生活と集団』(一九八八年)で、旧石器時代の住居遺構として認定される条件として以下の三つを示した。

a. 住居が一定の構造をもち、それが安定した状態にあること。

b. 旧石器時代と年代判定可能な遺物をともない、住居構造と遺物分布に有機的な関連がみられること。

c. 住居の上を安定した無遺物層がおおい、新しい時代の遺構・遺物との見分けが明瞭であること。

筆者は、「遺構雑考」(『新潟考古学談話会会報』第三四号、二〇〇九年)という論考で、遺構の認定方法を整理した。そこでは、最初に遺構の構成要素として、以下の四つを指摘した。

①基盤層である「地」(考古学でいうところの「地山」も含まれる)。

②基盤層と遺構の境界である「痕跡面」。

③遺構を構成する材などの「構成物」。

④遺構が廃絶された後堆積した「埋土」。

そして、遺構認定の視点として「人為性」と「認識の信頼度」を提示した。

人為性とは、文字どおり遺構が人為的に形成されたか否かという視点である。遺構の平面形、断面形が整った形態や規格性をもち、壁が急傾斜で立ち上がることなどが、人為的と判断する際の基準となる。ただし、旧石器時代の遺構は、より新しい時代の遺構にくらべて痕跡面が不明瞭なことが多い。したがって、人為的と判断することがむずかしいケースが多くなる。このような条件下では、検討対象となる痕跡が人為によることを証明するよりも、自然作用によって形成されたものではないことを確認した方が有効である。具体的には、地、構成物、埋土などの観察から痕跡面形成に自然作用が働いた可能性を否定していく作業を行う。

一方、認識の信頼度とは発掘調査における所見の確からしさである。確認された痕跡の明瞭さ、発掘調査における観察と解釈の整合性がその要件となる。痕跡の明瞭さは、地と埋土の色調の違いや混入物の有無などによる両者の程度の差などが判断材料となる。

4　遺構の検証

まずここでは、荒屋遺跡で検出された遺構について、最初に確認面（層序）、平面形・断面形、埋土・地の状況などの属性から遺構の人為性を検討する。次に遺構群の分布状況、竪穴住居状遺構と土坑１４の関係から、解釈の妥当性すなわち認識の確からしさの観点での資料批判を行う。

(一) 属性の検討

各遺構の遺構確認面、形態、埋土、地の状況は表1のとおりである。遺構確認面はⅢa層上面で確認された土坑2以外は、Ⅳa1層やⅣc層上面、竪穴住居状遺構埋土中で確認された。少なくとも旧石器時代の遺物包含層であるⅢa層に覆われるため、新しい時期に形成された遺構の可能性はない。

平面形は、土坑5、6など一部に不整形のものもあるが、円形、楕円形、長円形など整ったものが基本である。断面形は底面に凹凸があるなど不整形なものは少ない。また、壁面は立ち上がりの緩やかな土坑1、8を除いて急角度で立ち上がるものが多く、総じて掘込みも深い。

埋没状況はレンズ状堆積が基本で自然に埋没したものが多かったと考えられる。土坑01下部、土坑6などは、水平に堆積した埋土の存在から人為的に埋め戻された可能性がある。

地と埋土の違いも明瞭なものが多い。多くの遺構がにぶい黄橙色砂のⅥ層、オリーブ褐色砂のⅦ層まで掘り込まれているため、Ⅵ・Ⅶ層を地とする部分でのⅢ・Ⅳ層の黄褐色砂質ロームとの違いは明瞭である。また、遺構埋土には炭化物や焼土がブロック状に含まれていることが多く、基本層のⅢ・Ⅳ層中を地とする場合でも、埋土との識別は十分可能であった。

これらの条件に合致しないのが土坑1である。埋土は焼土や炭化物を多く含むため、地と埋土の違いは明瞭である。しかし、壁の立ち上がりは緩やかで、完掘写真を見るかぎりでは土坑というよりは窪地という印象である。土坑01、5、8の上部に位置しており、これらの土坑の半埋没状態の窪地であった可能性が高い。

こうした遺構の形態、埋土等の特徴をまとめる

表1　検出遺構における再検証に関する特徴

遺構名	確認面	平面形	壁	埋土	地	境界面	
						土質	壁
竪穴住居状遺構	Ⅳc層	隅丸方形か	急	上部は黄褐色、中・下部は焼土・炭化物含む褐色・暗褐色・にぶい黄褐色	Ⅳc層	○	○
土坑01	Ⅳc層	長円形	急	黄褐色砂質シルト、炭化物多い、基本的に水平堆積	Ⅳc～Ⅶ層	○	○
土坑02a	Ⅳc層	円形	急	褐色・黄褐色シルト	Ⅳc～Ⅶ層	○	○
土坑02b	Ⅳc層	楕円形	不明	不明	Ⅳc～Ⅶ層	△	○
土坑1	不明	不明	緩	炭化物・焼土？ブロック多い	土坑01、5、18	△	×
土坑2	Ⅲa層	楕円形	急	黄褐色シルトⅢ層由来か	Ⅲa、Ⅲb1、Ⅳc～Ⅶ層	○	○
土坑3	Ⅳc層	円形	急	褐色・黒褐色・黄褐色砂質シルト、遺物大量に出土	竪穴住居状遺構埋土4x層など	△	○
土坑4a	Ⅳc層	楕円形	急	褐色・黒褐色砂質土、レンズ状堆積	Ⅳc～Ⅶ層	○	○
土坑4b	Ⅳc層	楕円形	垂直	上部・下部は黄褐色、中部は褐色土で炭化物多い	Ⅳc～Ⅶ層	○	○
土坑5	Ⅳc層	不整円形か	急	黄褐色シルト	Ⅳc～Ⅵ層	○	△
土坑6	Ⅳc層	不整円形	急	壁際の三角堆積と水平堆積、黄褐色土と水平の焼土層	Ⅳc～Ⅵ層	○	○
土坑7	竪穴埋土4n層	楕円形	急	上部は焼土・炭化物含む褐色土、下部は黄褐色土	竪穴住居状遺構埋土4n層	○	○
土坑8	竪穴埋土4s層	円形	急＋緩	褐色シルト単層	竪穴住居状遺構埋土4層、Ⅳc～Ⅵ層	×	○
土坑11	不明、Ⅳc層か	楕円形	急	黄褐色砂質シルト	Ⅳc層か	△	○
土坑12	Ⅳc層	楕円形	急	褐色砂質シルト、黄褐色シルト、炭化物を含む	Ⅳc～Ⅵ層か	○	○
土坑14	Ⅳa1層	長円形	急	暗褐色褐色の砂質土、焼土・炭化物を含む	Ⅳa1、Ⅳc～Ⅶ層、竪穴住居状遺構埋土	×	○
土坑18	Ⅳc層	長円形	急	黄褐色系のシルト～砂、砂ブロックを含み不均質	Ⅳc～Ⅵ層か	○	○
ピット1	不明	楕円形	垂直	黄褐色砂質シルト、石器出土	Ⅶ層	○	○

※境界面欄は埋土・壁からみた境界面認識の確からしさ。○：明瞭、×不明瞭、△不明

図25　土坑１完掘写真（報告書より）

と、一部に例外はあるが、人為性を否定する所見は認められない。地と埋土は色調、土質、含有物から異なることが多く、痕跡は明瞭で認識の信頼度は高いといえる。

一方、埋土中にはしばしば均質で遺物をあまり含まない砂層が堆積している。これは、遺構の埋没過程で水の作用があったことを示すものである。また、地のⅥ層以下は砂層であり、水成堆積と推定されている。したがって、荒屋遺跡では遺構形成前後において、常時ではないにしろ水の作用があったと考えられる。

それでは、水などの自然の営力によってこうした土坑状の痕跡が形成される可能性はあるのだろうか。水の作用で形成された「穴」に、甌穴《おうけつ》またはポットホールとよばれるものがある。これは、表面が硬い川底などで、割れ目などの弱い部分が水流による浸蝕のためにくぼんだものである。さらに、くぼみの中に礫が入ると水流によって礫が回転して穴が拡大する。しかし、一般的に甌穴が形成されるのは川底が硬い岩盤などの場合とされており、荒屋遺跡の地は砂層のためそれほど硬いわけではない。また、基本層や遺構埋土には水の痕跡は認められるが、遺構確認面付近で甌穴を形成するほどの水流を示す痕跡、たとえば一定方向の傾きを持つ礫の堆積などは確認できない。こうした状況を総合すると、荒屋遺跡の遺構が水の作用で形成された「穴」である可能性は低いと考える。

(二) 遺構群の分布状況と形成過程

まず、気がつくのは、遺構が調査区東から西に帯状に分布していることである。報告書ではこれらの遺構群を土坑が切り合ったものと解釈している。この帯状の分布を東西方向に縦断する土層断面から検討してみよう。まず、遺構の切り合いでは、土坑14が最も新しく、竪穴住居状遺構と土坑6がこれに切られている。土坑6は土坑9より新しく、さらに土坑9は土坑13より、土坑13は土坑10より新しい。全体としては西ほど土坑は古くなる。それぞれの遺構の重複では、古い遺構がほぼ埋没した後に、次の遺構が掘り込まれている。

次に、調査区東壁の土層断面をみてみよう。すると、遺構群が掘り込まれているⅣc層上面が遺構群のある1・2列付近で低くなっていることがわかる（図26上段太線）。東西ベルト南壁を合わせてみると、包含層とされたⅢb1層、Ⅲb2層は、土坑14、竪穴住居状遺構埋没後の窪地に堆積した土層であることがわかる。

すなわち、帯状の遺構群は遺構の掘削と埋没の繰り返しであるが、その形成以前に帯状の低地が

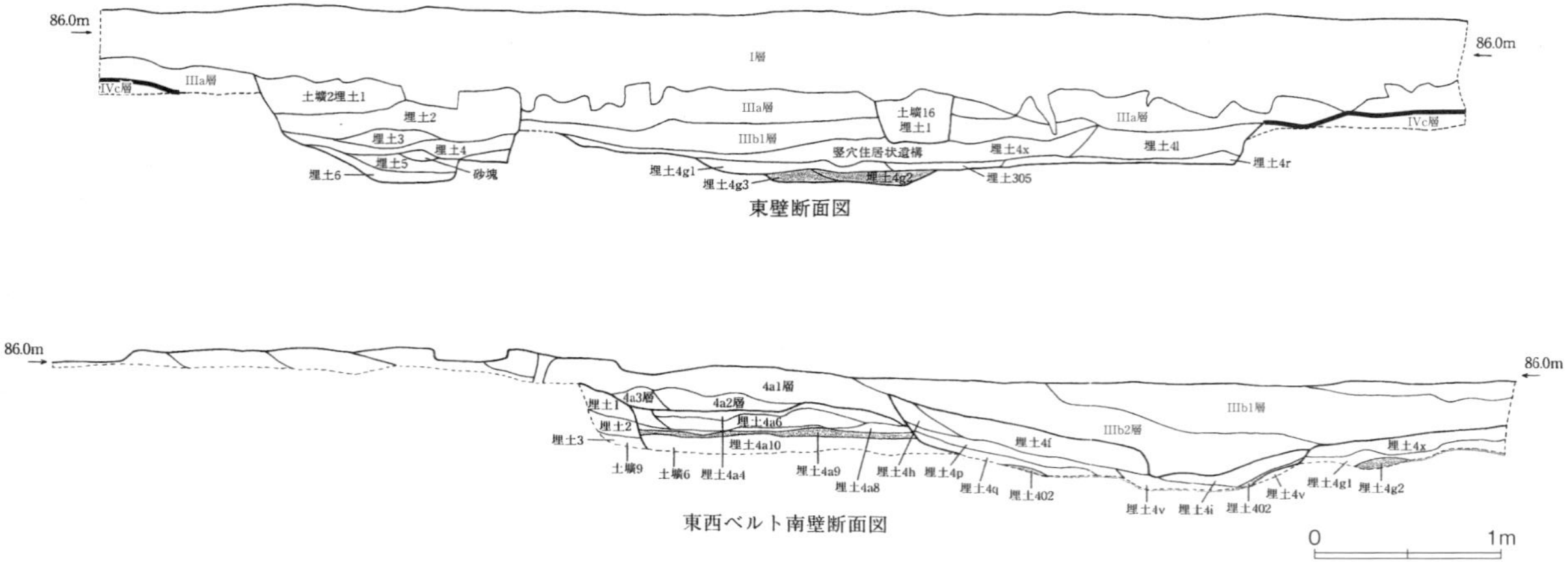

図26　調査区東壁土層断面図、東西ベルト南壁土層断面図（報告書より）

図27　段丘崖下の流路跡（図28中央下の東西方向の流路跡）

存在し、それらが埋没した後にも大きな窪地が残っていたことになる。荒屋遺跡の土坑は平坦地に掘り込まれた穴というよりは、窪地の肩を整形した段切り状のものだったのではないだろうか。この推定が正しければ、遺構埋土中で確認された砂層は、遺構が溝状の低地に構築されたため、降雨時の流水などによって堆積したものと考えることができる。

それでは、この遺構群形成埋没前に存在した低地は、どのようにして形成されたのだろうか。ここでは、一つの仮説を指摘しておこう。

低地は段丘離水後に形成された自然流路の痕跡であったというのがその仮説である。この仮説にもとづいて遺跡周辺を踏査してみた。すると、調査区から南東方向にわずかな低地が延びていることがわかった（図28）。さらに、この低地は遺跡東側の段丘崖に沿って南に延びていた。荒屋遺跡

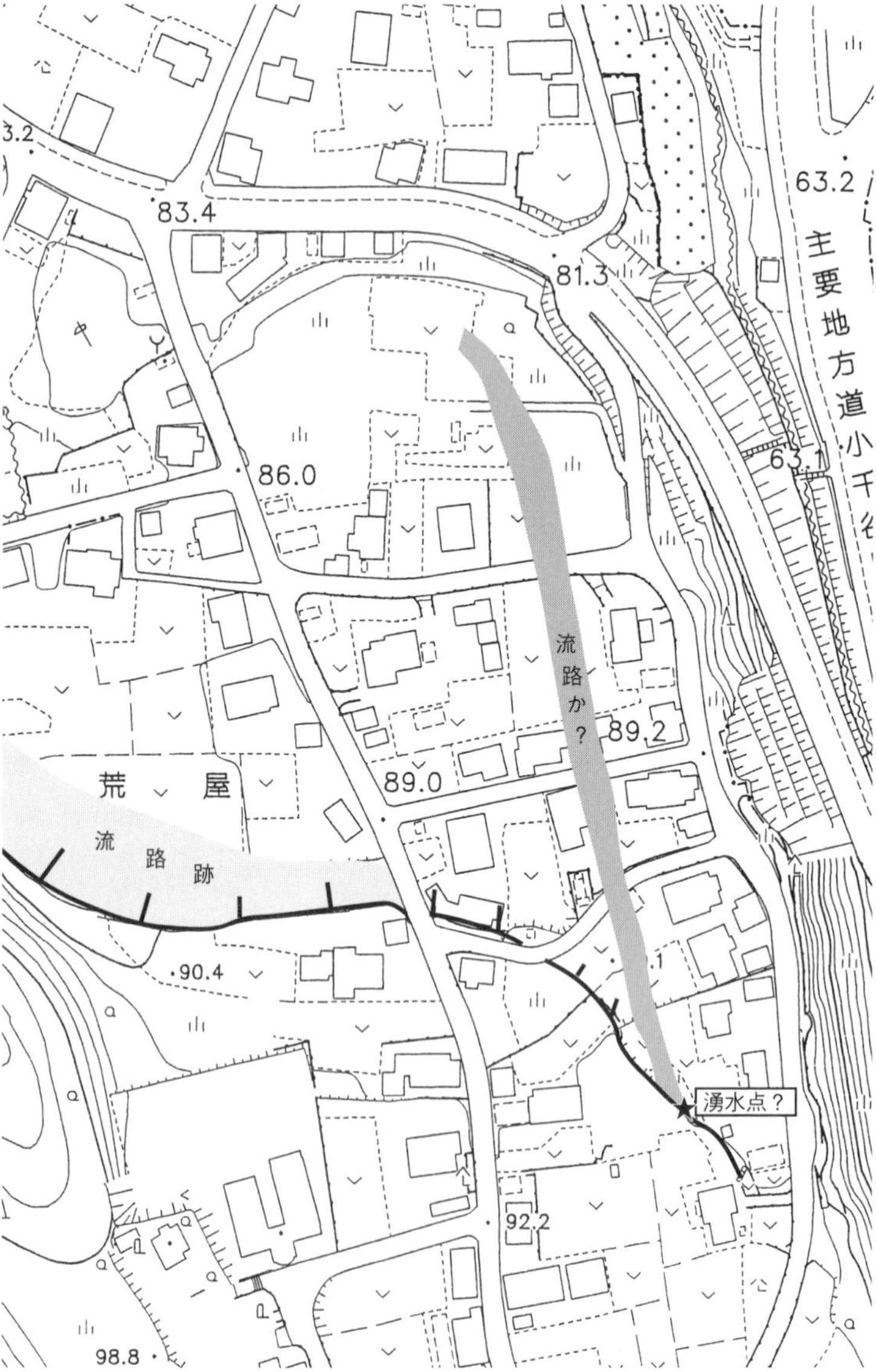

図28　遺跡周辺の微地形（原図は長岡市１：2,500国土基本図）

の立地する段丘は南から北に緩く傾斜していることから、その傾斜に沿って水が流れたものと思われた。かつて、船山は一段上位の段丘の一部であった。段丘崖下には湧水や段丘崖に沿った流路が存在することが多く、この流路は段丘崖下の湧水を水源としたと考えられる。踏査によって遺跡より上位で船山より下位の段丘崖下に湧水点だったと思われる痕跡も確認できた（図28の湧水点?、図27）。

推測される遺跡形成過程は次のとおりである。

遺跡は溝状の低地とその周辺に形成された。この低地は段丘離水後に形成された自然流路の半埋没状態の痕跡と推定される。遺跡形成時に常時水が流れていたとは考えられないが、離水以降も激しい降雨時などには流水があった。

荒屋遺跡の主要な遺構は、この低地やその肩部を整形して段切り状とし、その底面で火を焚いたものと推定される。この段切りは肩側から埋没したが、埋没過程中にも火が焚かれ、周辺から遺物等が廃棄された。土坑は段切り状であったため、埋没したといっても平坦地になることはなく、斜面状であった。その斜面を掘削してふたたび段切り状とし、底部で火が焚かれる。荒屋遺跡の土坑の切り合いはこうして形成された。

遺構群廃絶後に堆積したⅣa1層、Ⅲb2・b1層に大量の遺物が包含されていることから、その堆積時にも窪地周辺では石器を使用した活動が行われていたと推定される。

（三）竪穴住居状遺構と土坑14の関係

竪穴住居状遺構が住居遺構とされた根拠は、一辺四メートル程度という規模と隅丸方形の平面形、炉の存在である。しかし、遺構配置図をみると、竪穴住居状遺構、土坑14、土坑6、土坑5、土坑

図29　竪穴住居状遺構・土坑14断り合い土層断面（報告書より）

9、土坑13のプランは連続的につながっている。竪穴住居状遺構の規模、平面形はこうした一連の遺構群の分布、すなわち窪地状の低地の一部として形成された可能性がある。炉跡は焼土と砂が交互に堆積している。この砂層は炉の使用にともなう人為的な堆積、もしくは未使用時に自然に堆積したものと考えられる。後者であれば水の作用が考えられ、住居の床面にしばしば水が流れ込んでいたことになる。

前述の遺構形成仮説では、竪穴住居状遺構は周囲よりも低い土地を選んでその底部に構築されたことになる。通常、人間は周囲より高い土地を居住場所として選ぶ。洪水など水の影響を受ける危険性が低いからである。土木技術の未発達な先史時代では、なおさらだったはずだ。したがって、この竪穴住居状遺構のあり方は、住居跡の立地としてきわめて不自然である。

一方、土坑１４は住居状遺構と切り合う長円形の土坑である。住居状遺構埋没後に掘削されたにもかかわらず、住居状遺構の炉跡と長軸方向、幅が一致する。また、土坑１４の埋土４ｉ、４０２層、竪穴住居状遺構の埋土４ｘ、４ｇ１層はいずれも焼土、炭化物などを含む暗褐色から褐色の砂質土である。これらは、色調、土質がよく似ているうえ、層厚が一致する。土層断面を遠目からみると４ｆ、４ｖ層と一連の堆積物のようにみえる。

こうした現象は、土坑１４と竪穴住居状遺構が一体のものであった可能性を示唆する。さらに、土坑１４は東側半分の低部が一段低く、再掘削されたと推定したが、その範囲が竪穴住居状遺構と一致することも両者の深い関係を思わせる。土坑１４と竪穴住居状遺構との関係については、両者が一体であるほか、土坑１４と竪穴住居状遺構の炉跡が一体である可能性もある。

土坑１４と竪穴住居状遺構が一体と仮定すると、土坑１４が竪穴住居状遺構の張り出し部のようになる。土坑１４と炉跡が一体の場合、竪穴住居状遺構と炉跡を一体とする根拠が失われる。いずれにしても、竪穴住居状遺構を住居遺構とする根拠にかかわる重大な問題である。竪穴住居状遺構は住居状遺構ではなく、土坑６や１４のような底部で火を焚いた遺構である可能性も考慮すべきだろう。

また、土坑１４と竪穴住居状遺構出土炭化物の放射性炭素年代測定の結果を見ると、竪穴住居状遺構の年代が土坑１４よりも新しく、遺構の切り合い関係と逆転している。この点も、土坑１４と竪穴住居状遺構の関係を再検討する必要性を感じさせる。

たしかに、発掘調査時の埋土の観察所見によれば、土坑１４は竪穴住居状遺構がほぼ埋没した後に掘削されており、両者を一体とする解釈は成立しない。しかし、報告書に示された土層断面の写真をみると、土坑１４と竪穴住居状遺構とで焼け面が連続しているようにもみえる。竪穴住居状遺構の解釈には課題が残されていると言わざるをえない。

（四）検証から見えるもの

今回の検証によれば、遺構群の痕跡の存在と人為性についてはおおむね妥当と考えられる。また、土坑2以外は少なくともⅢａ1層に覆われており、層位的に旧石器時代のものとすることができる。一方、遺構群の形成から廃絶にいたる過程について新たな解釈を提示し、竪穴住居状遺構の解釈に対して問題点を指摘した。

遺構群については、平坦地における土坑の切り合いではなく、自然の作用で形成された低地に形成されたものと解釈した。土坑とされた遺構は、低地肩部を整形してその底部で火を焚いたものと考えられる。これらの遺構の切り合いは、埋土堆積後の斜面を整形したもので、基本的に肩部と底面の整形と火の使用の繰り返しと推定される。そして、遺構埋没後にも窪地状の低地が残っており、遺物包含層のⅣａ1、Ⅲｂ2・ｂ1層はこうした窪地に堆積したものであるとともに、窪地周辺で人間の活動が継続していたことを示唆するものと考えた。

竪穴住居状遺構については、その立地の選択が居住地としては不自然であり、土坑１４との関係も再検討する必要性を指摘した。土坑１４との関係からは、住居遺構とするよりは低地肩部や底部を整形して火を使用した土坑6、１４と同種の遺構と解釈すべきかもしれない。

図30　礫群（報告書より）

ところで、確認された遺構の切り合いはきわめて複雑である。土坑01、土坑5、土坑18、土坑02a・bでは同一地点での繰り返しの掘削、土坑7、土坑8では竪穴住居状遺構の埋没途中での遺構構築が認められる。また、A・B—1・2区のⅢb1層で確認された礫群は、低地の埋没途中に人間の活動あるいは周囲からの廃棄行為があったことを示している。土坑1完掘写真の土坑底部に散在する数点の礫も同様のものであろう。これらは、低地部の埋没途中でさまざまな人間活動が行われ、その中には低地肩部の整形をともなわず、土坑など狭義の遺構として認識できないものもあったことを示している。

荒屋遺跡で確認された遺構の検証から、当時の人びとが微地形を巧みに利用してさまざまな活動を繰り返していたことが判明した。活動の具体的な内容について、遺構からは火を使用した以上のことをあきらかにすることはむずかしい状況である。次章では、遺跡における人間活動をものがたるもう一つの要素である出土遺物について検討しよう。

Ⅳ　出土遺物の様相
――荒屋遺跡の石器――

本章では、最初に資料の全貌を概観し、遺物の出土状況を検討した後、石器の器種ごとにその形態、機能などを説明しよう。

ところで石器には、道具に加工されたものや道具として使用された痕跡が確認される狭義の石器と、石器製作などで生じた副産物の石核、剝片、砕片などがある。ここでは前者を「道具類」、後者を含めた広義の石器を「石器類」とよぶことにする。

1　出土遺物の概要

最初に、四次にわたる発掘調査の出土遺物を概観しよう。荒屋遺跡出土遺物の大半は石器であるが、石鏃や磨製石斧など確実に縄文時代以降とわかるものはほとんど確認されていない。また、縄文土器も確認されていない。したがって、出土石器のなかに縄文時代以降のものが混入している確率はきわめて低いと考えられる。石器以外の遺物では、人間が遺跡に持ち込んだ搬入礫、材・種実

表2　荒屋遺跡出土石器器種組成表

	第1次	第2・3次	第4次	計
細石刃	682	5590	71	6343
細石刃核	51	11	1	63
細石刃核母型		9	3	12
細石刃核削片			6	6
ファーストスポール		18		18
セカンドスポール		9		9
鏃形石器	4			4
彫刻刀	425	626	44	1095
彫刻刀母型			1	1
彫刻刀削片	1142	8349	75	9566
スクレイパー	11		1	12
掻器		19	2	21
削器		5		5
彫掻器			1	1
錐形石器	2	24	1	27
尖頭器	7			7
両面加工尖頭器		1		1
二次加工ある剝片		397	8	405
使用痕ある剝片	45			45
石核	1	7		8
石刃	2	2		4
剝片		4843	419	5262
細片（砕片）		72523		72523
礫器	6	2	4	12
計	2378	92435	637	95450

などの炭化した植物遺体（本書では炭化物と総称する）がある。これら石器以外の遺物はその形態では帰属する時代がわからないため、出土層などから旧石器時代と確定できるものだけが対象とされている。

表2は各調査における出土遺物点数である。第一次発掘調査では、細石刃六八二点、彫刻刀四二五点、鏃形石器四点、錐器二点、スクレイパー一一点、礫器六点、尖頭器七点、（舟底形）細石刃核五一点、扁平石核一点、尖頭器七点、彫刻刀削片一一四二点などが出土した。鏃形石器は剝片の周辺を加工して鏃《やじり》形に整形したもので、第二・三次発掘調査以降出土していない。尖頭器は彫刻刀母型のようである。

第二・三次発掘調査では、細石刃五五九〇点、彫刻刀六二六点、掻器一九点、削器五点、錐器二四点、両面加工尖頭器一点、礫器二点、二次加工のある剝片三九七、細石刃核一一点、細石刃核母型九点、ファーストスポール一八点、スキー状スポール九点、石核七点、彫刻刀削片八三四九点のほか、石刃・剝片・砕片などを含めて、九万二四三五点が出土した。このうち、遺構出土は三万二二六五点、包含層出土が五万二九六二点である。鏃形石器を除き荒屋遺跡で確認されている器種がほぼすべてそろい、出土層位や遺構との関係もはっきりしている。荒屋遺跡石器群の全貌を知るには質・量とも最も良好な資料である。

第四次発掘調査では地元の浅間惣作氏、山田淳一氏による表面採取品などを含め、細石刃七一点、彫刻刀四四点、掻器二点、礫器四点、二次加工のある剝片八点、細石刃核母型三点、細石刃核削片六点、彫刻刀削片七五点など六三七点を確認した。また、この調査の際、地権者の浅間惣作氏採集品に有舌尖頭器が含まれていることを確認した。採集品のため、細石刃石器群との関係はわからないが、注目される資料である。

四回の発掘調査をあわせると、細石刃六三四三点、彫刻刀一〇九五点、掻器二一点、削器一六点、錐器二七点、礫器一二点、両面加工尖頭器一点、二次加工のある剝片四〇五点、細石刃核六三点、細石刃核母型一二点、ファーストスポール一八点、スキー状スポール九点、石核八点、彫刻刀削片九五六六点など合計九万五四五〇となり、一〇万点近い石器が出土したことになる。

器種組成レベルでの荒屋遺跡出土石器群の特徴をいくつか指摘しておこう。一つめは、遺物点数が多いことである。荒屋遺跡は、採集資料が多いことでよく知られており、採集品を含めた荒屋遺跡出土遺物は一〇万点を優に超えると思われる。この点数は、本州島の細石刃石器群の遺跡としては特異ともいえる出土点数である。

二つめは、彫刻刀関係資料が多いことである。発掘調査における彫刻刀出土点数は千点を超える。これは日本の遺跡で最多であろう。世界的に見てもこれほど彫刻刀が出土する遺跡はめずらしいのではないだろうか。さらに、彫刻刀削片が発掘調査で一万点近く出土している。遺跡内における彫刻刀を使用した作業量の膨大さがうかがえる数字である。

彫刻刀だけでなく、道具類の質・量の豊かさも特筆される。三つめの特徴である。荒屋遺跡では彫刻刀のほか、細石刃、掻器、削器、錐器、礫器、二次加工のある剝片など道具類の出土点数が数千点にもおよび、本州島の北方系細石刃石器群の器種がすべてそろっている。数千点もの道具類が出土した背景には、この地に人類が長期間にわたって繰り返し訪れたことがあったと考えられる。

また、日本の旧石器時代において、大量の遺物が出土する遺跡の多くは、石材原産地に立地する。こうした原産地に立地する遺跡では、原石から道具類の素材となる剝片をつくり出す作業が盛んに行われた。したがって、出土遺物の大半はそうした石器製作の副産物すなわち広義の石器であり、道具類の出土点数は他の遺跡にくらべて特段に多いとはかぎらない。荒屋遺跡でも多数の剝片や砕片が出土しているが、剝片剝離工程の初期段階のものは少なく、石材原産地に立地する遺跡とは内容が大きく異なっている。こうした出土遺物のあり方も荒屋遺跡の特徴である。

2　遺物の出土状況

ここでは、発掘調査出土遺物の出土状況を説明する。荒屋遺跡では多数の遺構が確認されており、出土遺物は遺構埋土、包含層別に取り上げられている。したがって、こうした位置情報にもとづいた遺物の出土状況の検討から、遺跡内における人間行動が明らかになることが期待される。

ここでは各調査ごとに遺物出土状況を説明し、その後、遺跡全体の遺物出土状況を俯瞰しよう。ただし、第一次発掘調査は報告書が刊行されていないため、各調査における遺物出土状況は、第二・三次発掘調査、第四次発掘調査についてのみ説明する。

(一)　第二・三次発掘調査

第二・三次発掘調査では、遺構から三万二二六五点、包含層から五万二九六二点もの遺物が出土した。しかし、報告書は特定の人間行動を示すような遺物出土状況は認められない、としている。

遺構や包含層ごとの石器組成では、細石刃核とその母型、細石刃核削片など細石刃製作は調査区東半分の中央部にまとまる傾向がある。しかし、各遺構の出土点数は一、二点であり、人間行動を反映したとするには点数が少ない。このほかに調査区東側の竪穴住居状遺構やその周辺で彫刻刀削片が多出し、土坑01、5、8など調査区西側で細石刃の比率が高い傾向が認められる。

竪穴住居状遺構、土坑など遺構埋土、包含層出土遺物は平面分布、垂直分布とも散漫な出土状況を示し、特定の器種が集中するなどの状況は認められない。報告書では調査区全域から多くの遺物

図31　第２・３次発掘調査遺物出土状況図（報告書より）

が出土して特定の集中域を確認できないことから、調査区が大きな石器集中の一部に含まれるとされている。接合資料、一母岩資料の検討においても、特定のまとまりを示す状況は確認できない。

第二・三次発掘調査出土遺物は遺構埋土や包含層から出土している。遺構埋土は遺構埋没過程で堆積したものであり、遺構そのものではない。包含層は遺構分布域上部の窪地状の低地が埋没する過程で堆積したものである。したがって、遺構埋土や包含層中の遺物も堆積過程で混入したもの、もしくは人為的に廃棄されたものと考えられる。特定の人間行動と対応する道具類の組み合わせが保たれたままとはかぎらない。また、混入や廃棄が重複しているので、その単位における遺物の特徴を読み取ることはむずかしいということなのだろう。

(二) 第四次発掘調査

第四次発掘調査は史跡指定を念頭においた範囲確認調査であったため、遺物採集範囲とその周辺が調査対象であった。調査の結果、第一～三次の調査範囲のような遺物の密集域は周辺には広がらないことが判明した。

第四次調査における遺物出土状況で注目されるのは、遺物集中域から西に十数《メートル》離れた六・七トレンチで礫器が比較的多く出土した点である。とくに六トレンチでは一〇～二〇《センチ》の大型の川原石に混じって礫器が出土しており、特定の人間行動とかかわる可能性がある。

(三) 遺跡全体の状況

第一次発掘調査では遺物が採集できた場所に一〇カ所の調査トレンチを設定し、第二・三次発掘調査では第一次発掘調査エリアの北側部分を対象に面的な調査が行われた。第一次発掘調査のトレンチごとの石器組成が未公表で、第二・三次発掘調査においても注目すべき出土状況を確認できなかったことから、人間行動の違いを示すような出土状況は明確ではない。

一方で、第一次発掘調査では五一点もの細石刃核が出土したのに対し、第二・三次発掘調査では一一点にとどまった点は注目される。第二・三次発掘調査では対象外だった第一次発掘調査対象エリア南側において、細石刃核が多く出土した可能性が出てくるからである。将来、この範囲の発掘調査によって、遺跡内における細石刃剝離が集中的に行われた場所が確認されるかもしれない。

また、第四次発掘調査における礫器の出土状況も、第一〜三次発掘調査対象エリア外で特定作業の場を確認できる可能性を示すものである。

第二・三次発掘調査出土遺物は周囲から流入したか、廃棄されたものが大半と考えられる。前述の第一次・第四次発掘調査成果を考え合わせると、荒屋遺跡が遺構埋土や包含層に大量の遺物を包含する遺物集中域とその周辺の作業域という構造をもつ可能性が高いように思われる。

3　細石刃

細石刃は、長さ数センチ、幅数ミリ程度の大きさで、長さが幅の二倍以上ある剝片、と定義される。骨などの軸の両側辺に切った溝に埋め込まれて、植刃器の刃部として使用された石器である。二次加工の有無にかかわらず、道具類として扱われている。

荒屋遺跡では四回の発掘調査で合計六三四三点もの細石刃が出土した。その大半が、第二・三次発掘調査で出土したものであり、報告書において

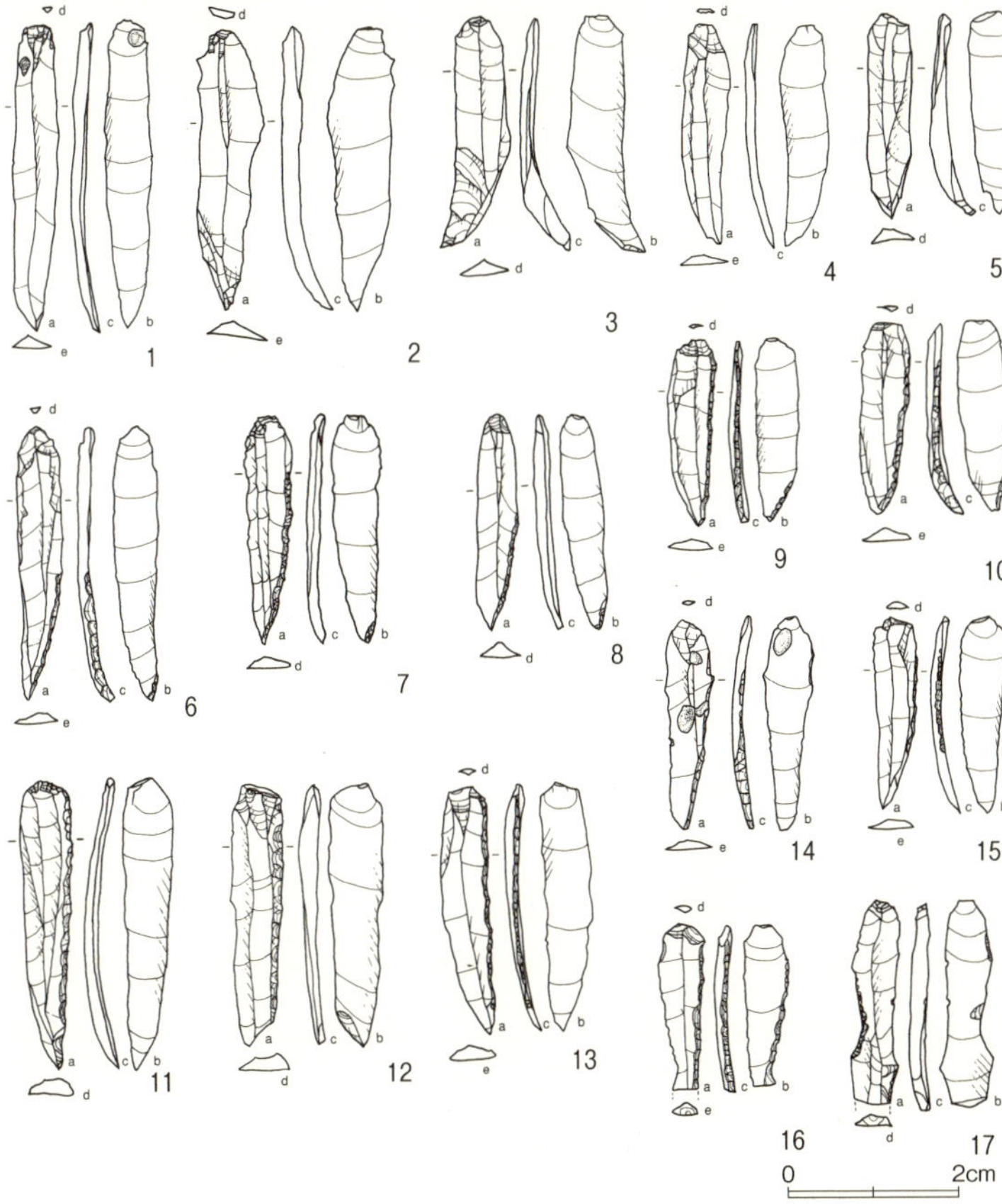

図32　出土細石刃実測図（報告書から抜粋）

形態や使用痕の分析が行われている。ここでは、第二・三次発掘調査報告書の分析にもとづき、筆者の所見を加えながら、細石刃の形態と機能を説明しよう。

（一）細石刃の形態

第一次発掘調査概報では、細石刃の形態について「加工痕ある場合は、全て正面には右側辺にそつて細かい剝離痕がならび、背面には右側辺の下端にのみわずかな剝離痕が認められる。細石刃の

二次加工類型	A	B	C	D	E	F
細石刃模式図	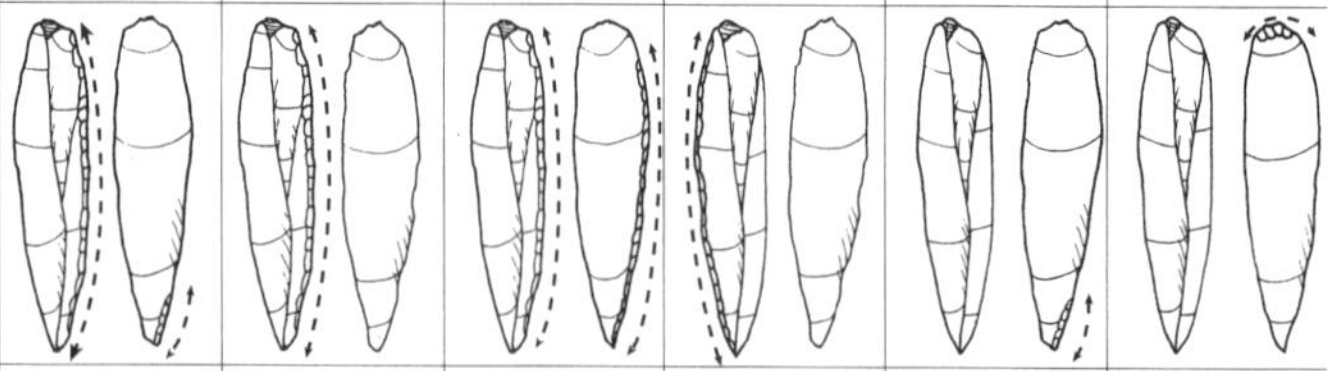					
二次加工位置	背面右と腹面右先端部	背面右のみ	背面右と腹面の先端部から基部・中間部	腹・背面どちらかの左側辺	腹面右側辺のみ	折面・打面
割合	7.1 %	16.9 %	2.9 %	3.8 %	1.0 %	0.6 %

A類は先端部を残す細石刃の24％を占める。類型外1.1％、二次加工された細石刃33.4%。

図33　細石刃各類型の定義・点数比（報告書より）

先端はするどく尖り、側面からみると、先端部が背面側にかるく湾曲する癖を持っている。細石刃の長さは約二〜三センチであり、幅は五〜八ミリ、厚さは一〜二ミリである」とその特徴が指摘された。

　五五九〇点もの細石刃が出土した第二・三次発掘調査の報告書では、細石刃の形態・サイズ・二次加工等について詳細な分析が行われた。細石刃は、二次加工の部位からA〜Fの五類型に分類された。その結果、第一次調査でもっとも典型的とされたA類は九六点で先端部を残す資料の七・一%を占めた。この他、背面右側縁のみに二次加工のあるB類が二〇三点で全体の一六・九%、背面右側縁と腹面の先端から基部のC類が二・九%と背面右側縁に二次加工を施すものが多かった（図33）。二次加工のある細石刃は、遺構内出土を対象に集計したところ三三・四%であった。

　完形細石刃のサイズは、平均値で長さ一九・八ミリ、幅五・六ミリ、厚さ一・一ミリで、重さは〇・一七グラムである。剥離角は平均一一〇度である。二次加工のある細石刃のサイズは、完形品の平均値で長さ二一・三ミリ、幅五・四ミリ、厚さ一・三ミリ、重さ〇・一九グラムである。細石刃の曲がり、捩れ、湾曲とA〜F類の二次加工類型に相関は認められなかった。報告書では、二次加工によって捩れ、湾曲、曲がり、幅を修正するのではなく、極端な捩れ、湾曲、曲がり、長幅の広狭などの支障のない細石刃が選択されたと推定している。

(二) 石器使用痕分析とは

報告書では細石刃、彫刻刀などを対象に使用痕分析が行われた。まず最初に石器使用痕分析について解説しておこう。

石器使用痕分析とは、石器に残された使用によって生じた痕跡(使用痕)から石器の機能を推定する分析方法である。使用痕の分析は、肉眼やルーペによる観察から、実体顕微鏡、金属顕微鏡などの光学顕微鏡、走査型電子顕微鏡、レーザー顕微鏡などの機器を使用した観察などによって行われる。使用される倍率も数倍から数百倍におよぶ。

観察対象となる使用痕は石器の刃部に生じた刃こぼれ(微小剝離痕)、摩耗、線状痕・擦痕、百倍以上の倍率で観察可能な微細で鏡面状の摩耗面(微小光沢面)、石器自体の破損である。また、使用対象物の一部が付着した残滓も広い意味での使用痕の一種とされている。

観察された使用痕による石器機能の推定は、使用実験の結果にもとづいて行われる。体系的な使用実験によってあきらかにされた機能と使用痕との相関関係にもとづいて使用痕から石器の機能を推定するのである。石器の機能は、使用対象物と石器の運動方向との組み合わせで表現される。使用実験では使用対象物(骨、角、草、木、肉、皮、土など)、操作方法(切る、削る、掻く、突くなど)の条件を変えた実験を行い、機能と使用痕との対応関係があきらかにされる。実験の条件は、想定される先史時代の使用法にもとづいて計

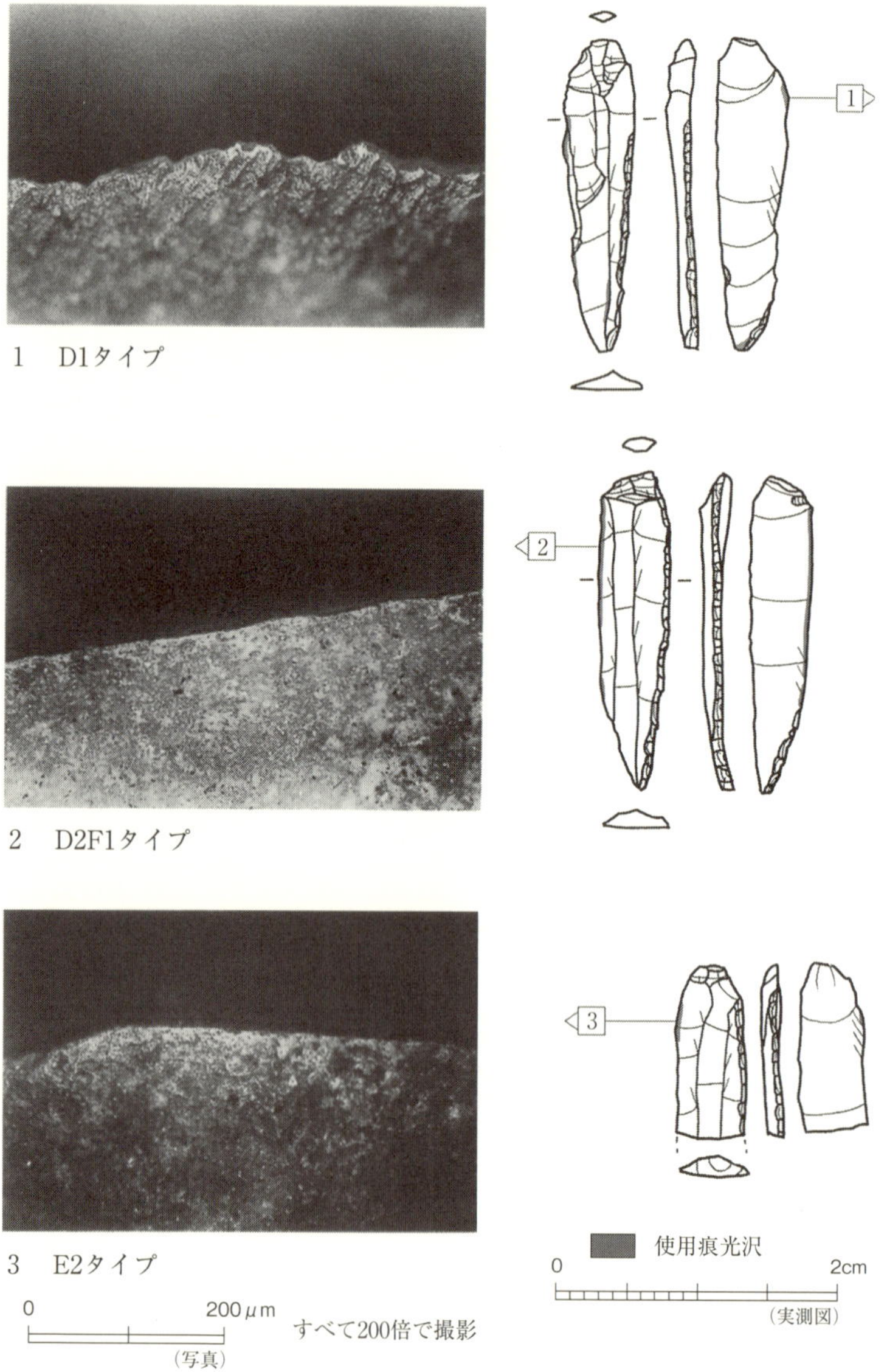

図34 出土細石刃の使用痕（報告書より）

画されたものである。

荒屋遺跡出土石器の使用痕分析は高倍率法とよばれるもので、金属顕微鏡を使用して百倍以上の倍率で使用痕を観察する方法である。観察対象となる使用痕は微小光沢面と線状痕である。微小光沢面の観察は使用対象物の推定にとくに有効とされており、高倍率法は最もポピュラーな使用痕分析方法の一つである。

実験石器に生じた微小光沢面はA、B、C、D1、D2、E1、E2、F1、F2などのタイプに分類され、使用対象物との対応関係があきらかにされた。その結果、Aタイプは稲科植物などの草本、Bは木、D1、D2は骨や角、Cは乾燥骨・角の折断、E1は生皮、E2は乾燥皮との結びつきが強い。また、微小光沢面の表面などに観察される線状痕や微小光沢面の分布状況は石器の運動方向と相関することから、その推定に有効である。そして、考古資料の顕微鏡観察を行い、確認された微小光沢面や線状痕からその機能を推定するのである。

(三)　細石刃の使用痕分析と機能推定

細石刃は六一二点が分析対象とされ、六八点で微小光沢面タイプが判定された。このほか一類、二類とした従来のタイプ分類に合致しないもの、不明光沢を含めると一〇一点で微小光沢面が観察された。個体の最も強い微小光沢面タイプにもとづいた集計によれば、D1タイプが三二点で最も多く、他にCタイプ一一点、D2タイプ七点、F2タイプ七点、E2タイプ六点、Bタイプ五点が確認された。D1、C、D2タイプはおもに骨・角の加工、E2は乾燥皮、Bは木に対する使用と結びつくことから、報告書では、細石刃は骨・角の加工を中心として、乾燥皮や木などの多様な加工に使用されたと推定している。

線状痕は刃縁と直交するものが三九点、平行なものが三八点であった。そのほかにも、斜行、別方向のものの混在、ランダムなど複雑である。細石刃を使用した動作の多様なあり方がうかがえる。

報告書は、使用痕分析の結果にもとづき、細石刃は骨・角を削る作業や溝彫りを中心に使用され、木の加工、乾燥皮や肉などを切る作業にも使用されたが、その作業は激しいものではなく比較的軽度なものとする。また、槍などの狩猟具としての使用については、衝撃剥離や刃縁の長く密集した線状痕からその可能性を指摘したものの、検討の余地があるとした。また、縁辺や稜線上に認められた骨・角の加工と推定される使用痕は、その分布状況などから着柄痕の可能性があるとしたが、実験による検討が必要として判断を保留している。

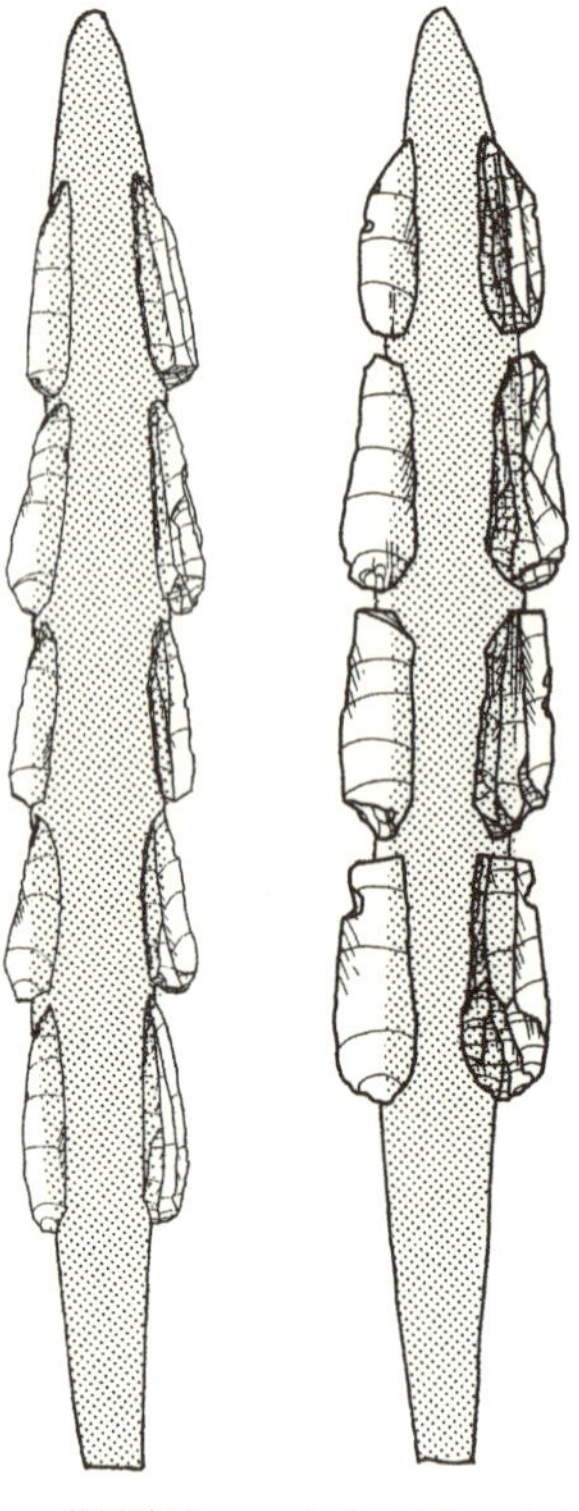

図35 細石刃装着方法（植刃器）復元図（鹿又2004より）

報告書において使用痕分析を行った鹿又喜隆は、その後「細石刃の装着法と使用法―荒屋遺跡・タチカルシュナイ第V遺跡C地点出土資料の分析から―」（『考古學雑誌』第八八巻第四号、二〇〇四年）において、分析結果を再検討した。鹿又によれば、報告書における使用痕分析は使用痕と装着痕を明確に区別できなかったことが大きな問題点であったという。再検討の結果、荒屋遺跡出土細石刃の使用痕は次の四とおりに分類された。

a．側縁の微小光沢面と直交する線状痕。

b．左側縁の微小光沢面と平行する線状痕。

c．背面稜線上、右側縁、腹面バルブ付近の微小光沢面。

d．背面両側縁あるいは左側縁と背面稜上の微小光沢面。

さらに、細石刃の部位ごとに微小光沢面タイプと線状痕の有無を統計的に検討した結果、左側縁ではD、Eタイプで八〇％で線状痕が確認できたのに対し、右側縁や稜線上では六割以上で線状痕が確認できなかった。このことから、鹿又は左側縁を使用痕、右側縁、稜線上の痕跡を装着痕と推定した。そして、右側縁、稜線上の微小光沢面がDタイプを主体とすることから、細石刃がはめ込まれた軸を骨・角製と推定した。あわせてタチカルシュナイ第V遺跡C地点出土細石刃を分析して背面稜線付近とやや右側、腹面のバルブに、基部側から先端部側への接触物の移動によって生じたと推定される線状痕を確認し、これを着柄によって生じたと推定した。

鹿又によれば、荒屋遺跡、タチカルシュナイ遺跡とも二次加工のある右側縁を柄に埋め込むが、タチカルシュナイ遺跡では右側縁と柄の溝が平行となるよう埋め込んだのに対し、荒屋遺跡では左側縁からバルブ、打面の部分を外側に突出させた、と解釈できるという。

荒屋遺跡の細石刃の柄への装着法については、報告書において芹沢長介が北欧中石器時代植刃器の装着事例を参考にして、加工のある側縁を外側としてバルブ・打面側を突出させるように斜めに装着する方法を推定した。鹿又と芹沢の装着法復元は、打面側の突出という点で共通するが、二次加工側を埋め込むか外側とするかが異なる。荒屋遺跡出土細石刃の装着法に対する鹿又の推定は、細石刃基部側をかえし状にする点で独特であり興味深い。

また、細石刃を装着した植刃器の機能を使用痕の確認率と発達度の低さから、加工具というよりは刺突具としての使用が主体だったと推定した。その使用活動としては、漁撈ではなく狩猟を想定している。

4　細石刃製作関係資料

細石刃製作関係資料とは、細石刃核、細石刃核母型、細石刃核削片など、細石刃製作工程で生じた遺物のことである。細石刃核は細石刃を剝ぎ取った後の残核である。定型的な細石刃を連続的に剝離するためには、細石刃核の整形が必要不可欠であり、細石刃核母型とはその整形途上の素材である。細石刃核削片は削片系細石刃製作技術において、おもに細石刃剝離打面作出によって生じた細長い剝片である。

荒屋遺跡の発掘調査では、第一次発掘調査において最も多くの細石刃製作関係資料が出土しているが、ここでは正式な報告書が刊行されている第二～四次発掘調査出土資料を中心に説明しよう。

(一)　細石刃核

前章で述べたとおり、荒屋遺跡出土細石刃核には削片系の技術によるものと非削片系（あるいは分割系）の技術によるものがある。

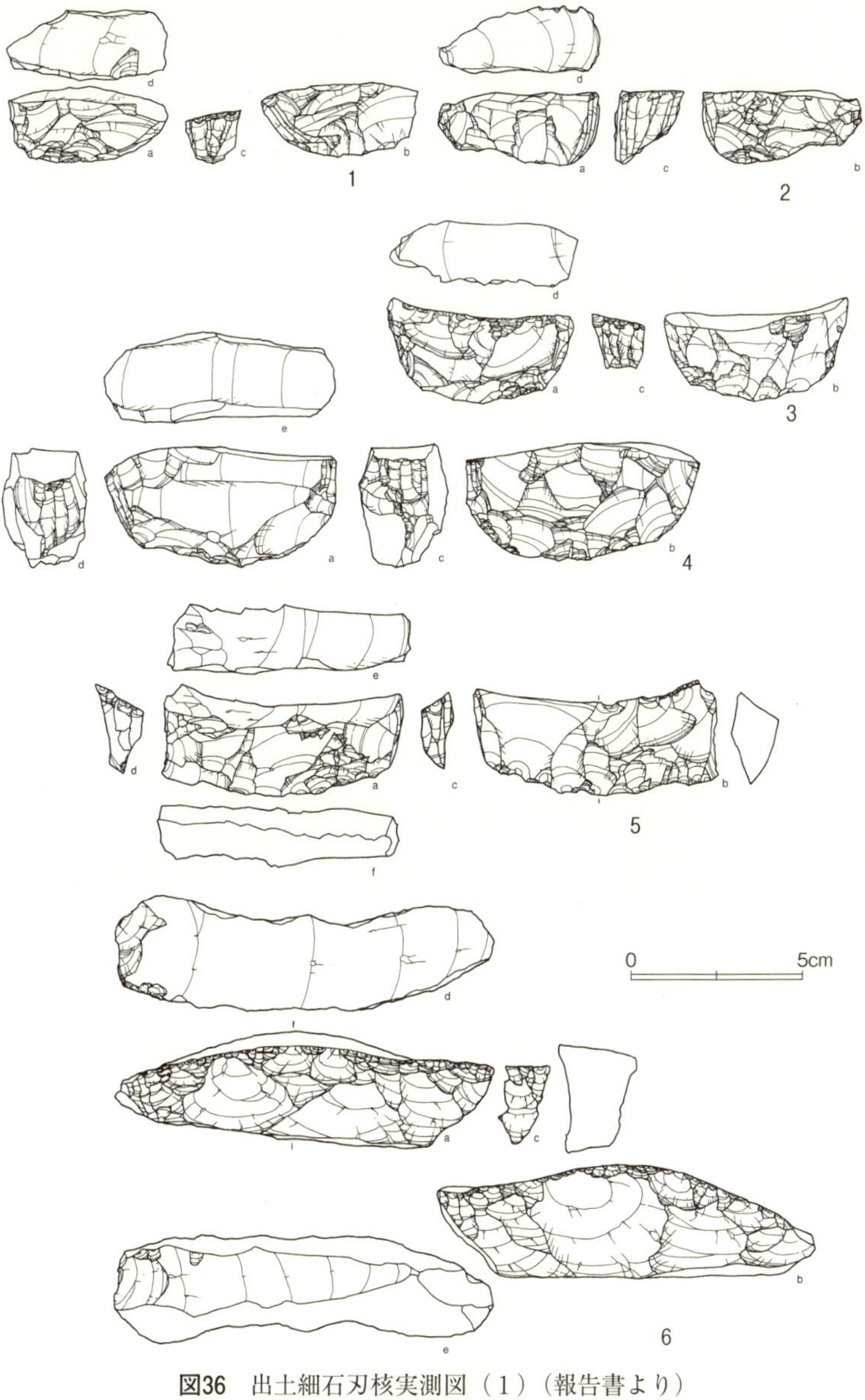

図36　出土細石刃核実測図（1）（報告書より）

図36、図37・1、3、4は第二・三次発掘調査出土、図37・2は第四次発掘調査出土の削片系技術による細石刃核である。細石刃核には、削片剝離後の母型を素材とするものと、削片を素材とするものがある。前者は甲板面がネガティヴな剝離面（以下、「ネガ面」という）、後者はポジティヴな剝離面（以下、「ポジ面」という）になる。石核と剝離された剝片の接合面でいうと、石核側がネガ面、剝片側がポジ面である。ポジ面は腹面ともいう。

図36・3、5は甲板面がポジ面で、削片素材の細石刃核であり、それ以外は甲板面が削片剝離によって作出されたネガ面とされている。ただし、図36・2の甲板面はネガ面と報告されているものの、写真を見るかぎりポジ面の可能性があり、その場合は削片素材ということになる。図36・2、図37・1、2には側面片側、図36・5、6、図37・4には両側面に甲板面から側面への調整が認められる。図36・6の底面には削片剝離によって形成されたと思われる長軸方向の剝離面が認められる。図36・4は側面片側が石核長軸方向の縦長の剝離痕、その反対側の側面は求心状の剝離痕で覆われている。縦長の剝離痕には彫器が接合した（図42・1）。図37・3は甲板面からの側面調整加撃の失敗により欠損した細石刃核の破片である。この資料の存在から細石刃剝離開始後も適宜側面調整が行われたことがわかる。

図37・5、6は非削片系技術による細石刃核である。5は甲板面がポジ面であり、長軸端部で細石刃剝離が行われている。石核の側面調整はおもに下縁から剝離され、甲板面がこれらの調整に切られている。6は厚手の剝片を素材とした細石刃核で、甲板面は素材腹面と考えられる。長軸の一端に素材剝離の打面を残している。細石刃剝離は

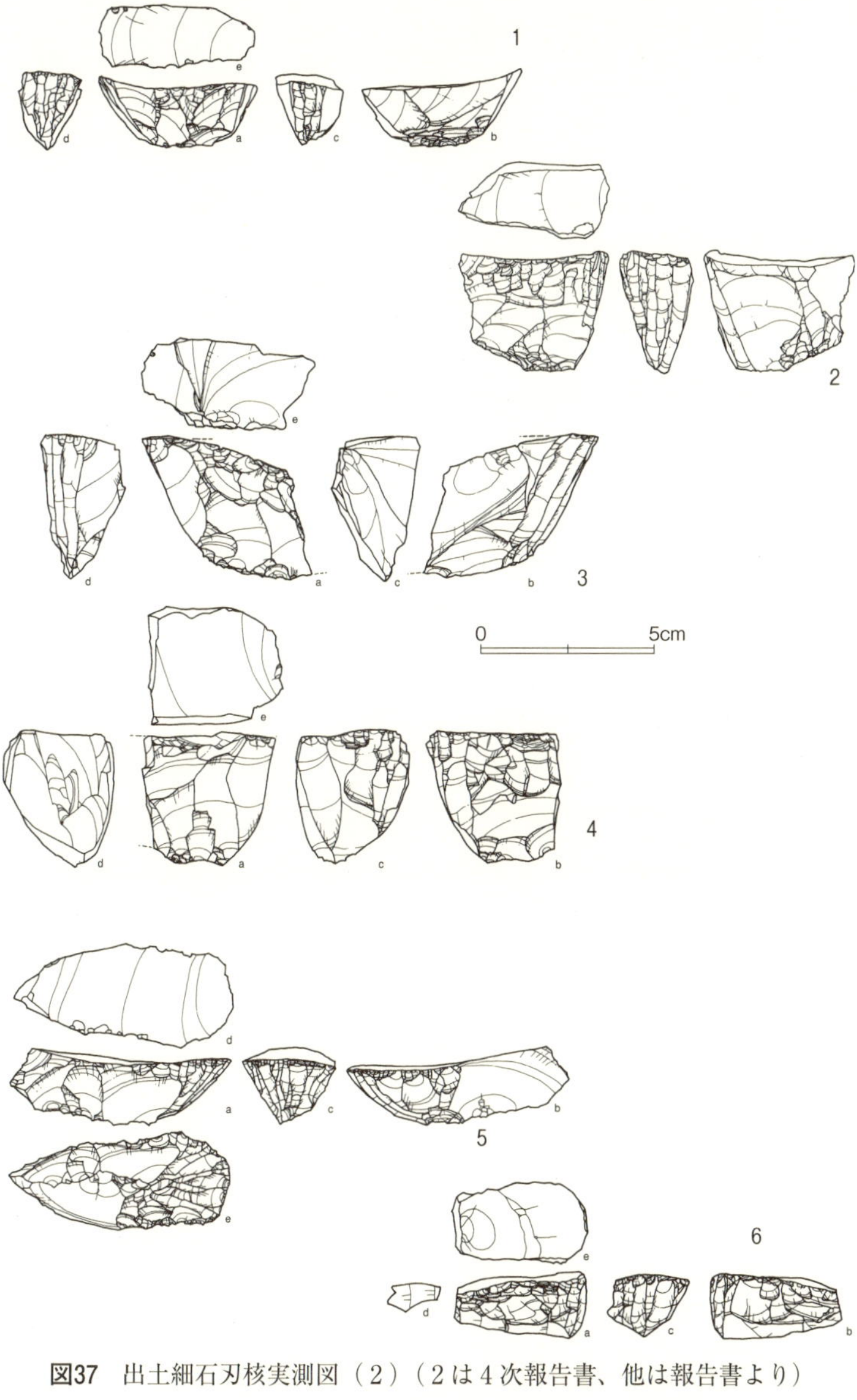

図37　出土細石刃核実測図（2）（2は4次報告書、他は報告書より）

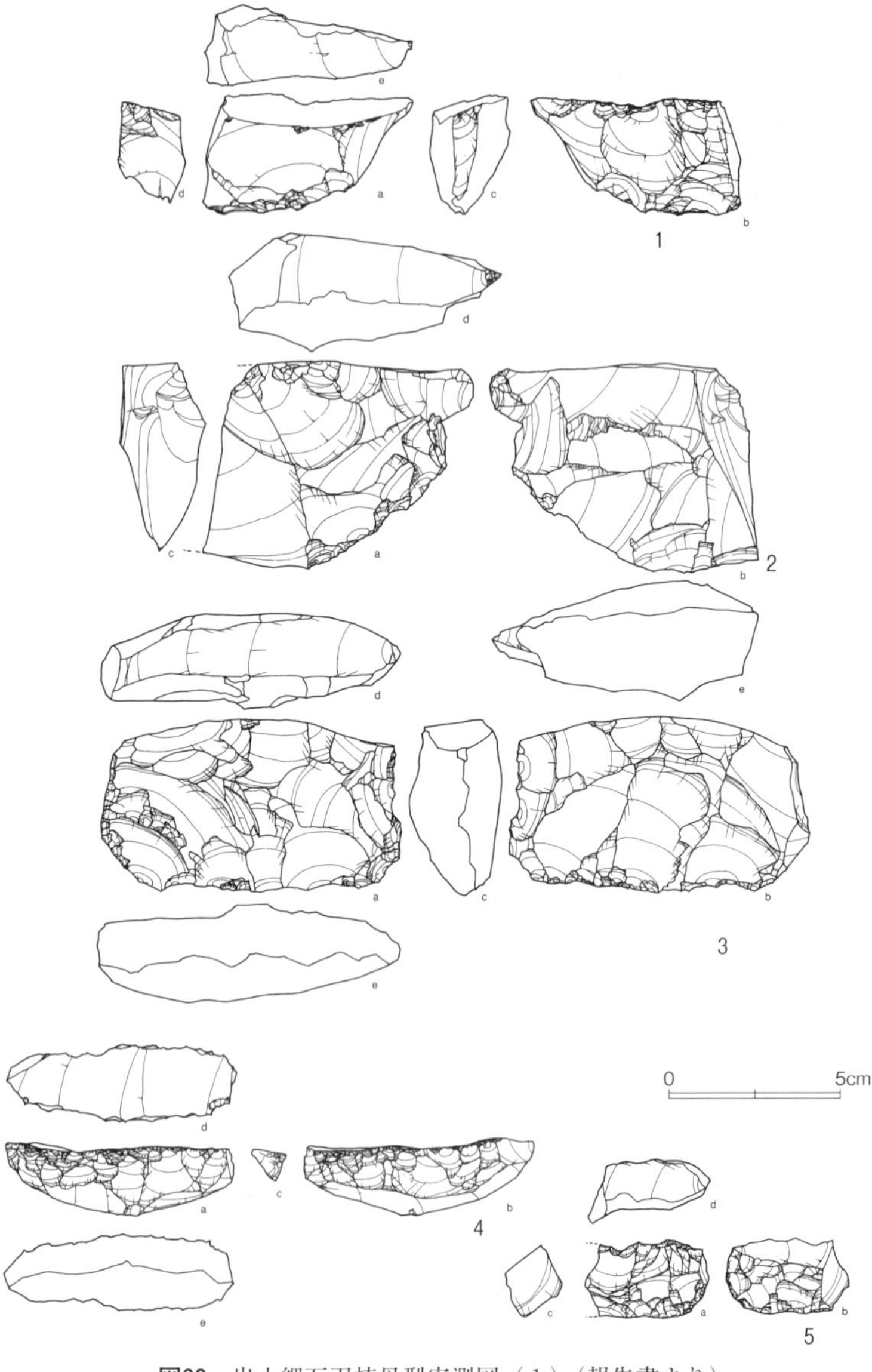

図38　出土細石刃核母型実測図（1）（報告書より）

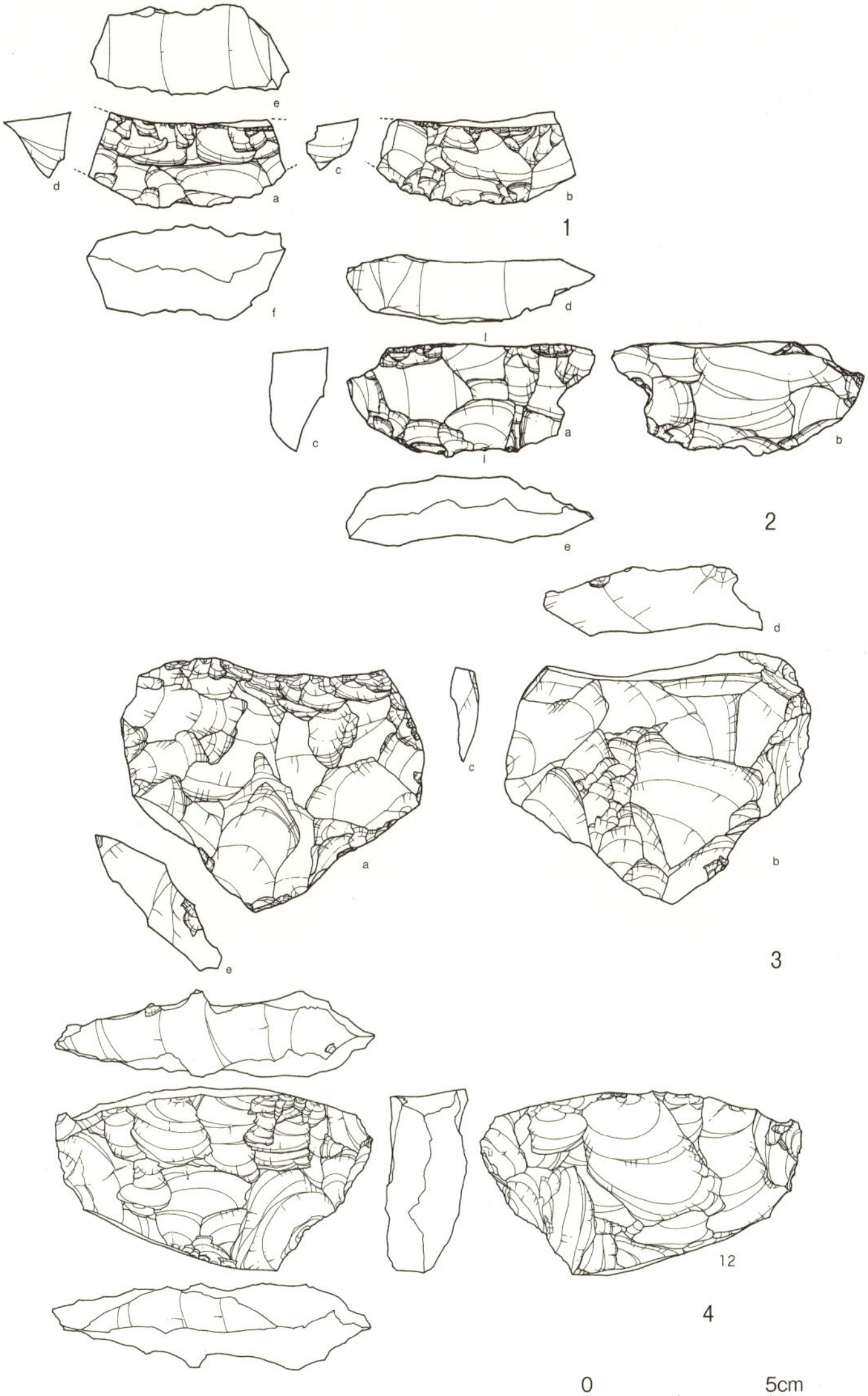

図39　出土細石刃核母型実測図（2）（4は4次報告書、他は報告書より）

その反対側の端部で行われている。甲板面から両側面への調整によって石核が整形されている。

(二) 細石刃核母型

図38、図39・1～3は第二・三次発掘調査出土、図39・4は第四次発掘調査出土の細石刃核母型である。図38・1は両面体製作途上で折れたもの、図38・2は削片剝離によって作出された甲板面から側面への調整剝離で折れたものである。下縁からの調整剝片が接合する。図38・3は両面体から削片を剝離した後、廃棄されたものである。図38・4は厚手の剝片を素材とする非削片系技術による細石刃核母型である。剝片腹面（ポジ面）を甲板面とし、甲板面から両側面への調整によって舟底形に整形されている。図38・5、図39・1、2は削片素材と推定される。いずれも、甲板面から両側面もしくは片側面への調整が施されている。図39・3は両面体製作途上品であろう。図39・4は削片系細石刃剝離技術による細石刃核母型で、上下の長軸方向の平坦な剝離面は、いずれも削片剝離によるものと思われる。上下の平坦面から両側面に調整が施されている。

(三) 細石刃核削片

第二・三次発掘調査で二七点、第四次発掘調査で一点出土した。図40・1～8、図41・1～4は第二・三次発掘調査出土、図40・9は第四次発掘調査出土である。図40・10、図41・5は地元在住の山田淳一氏採集品で、第四次発掘調査報告書で図示したものである。図40はファーストスポール、図41・1～4はスキー状スポール、図41・5はスキー状スポール素材の彫刻刀である。両面体から剝離された削片は打縁が船の舳先状に入念に調整されている。

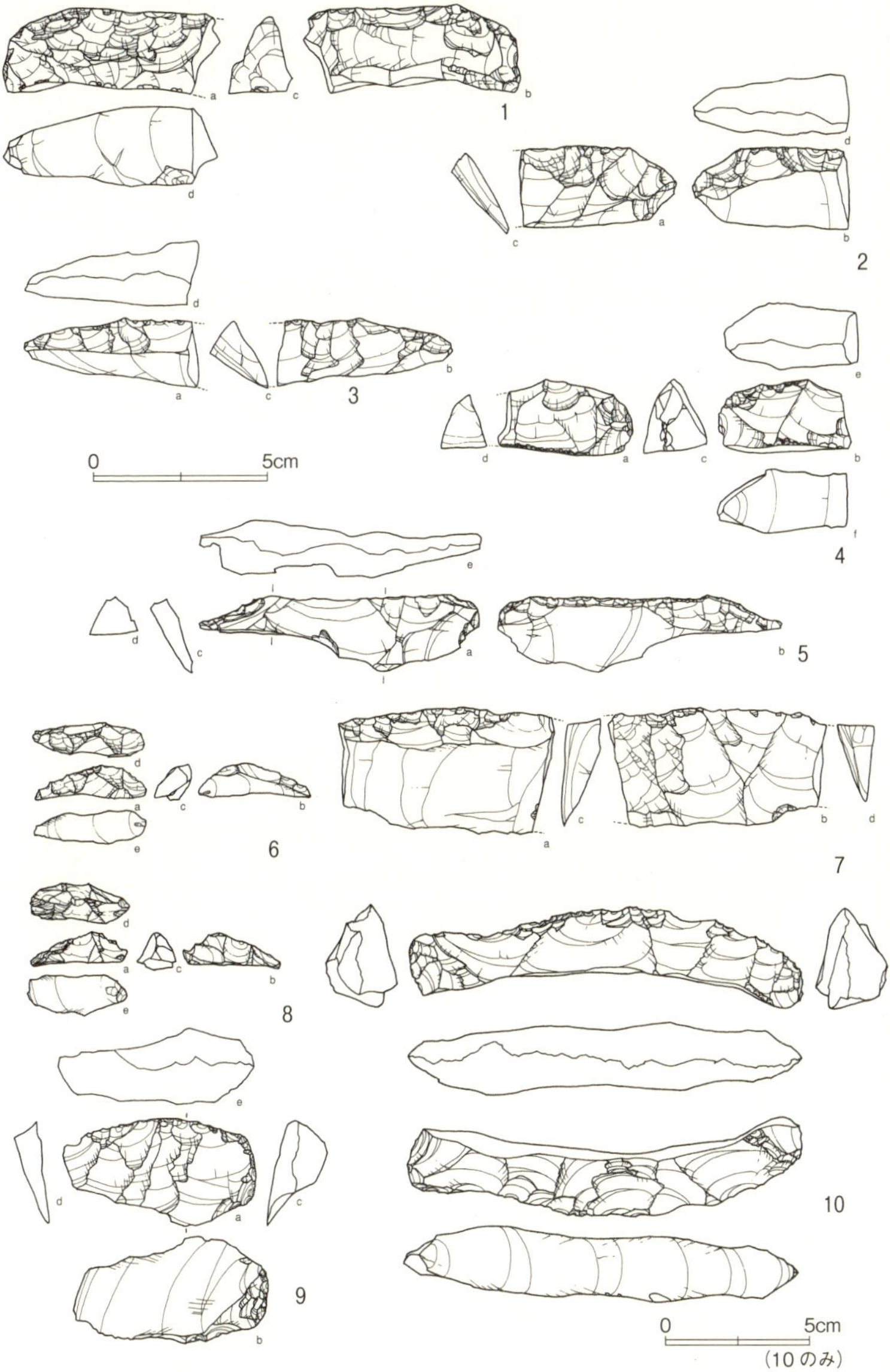

図40　出土細石刃核削片実測図（9、10は4次報告書、他は報告書より）

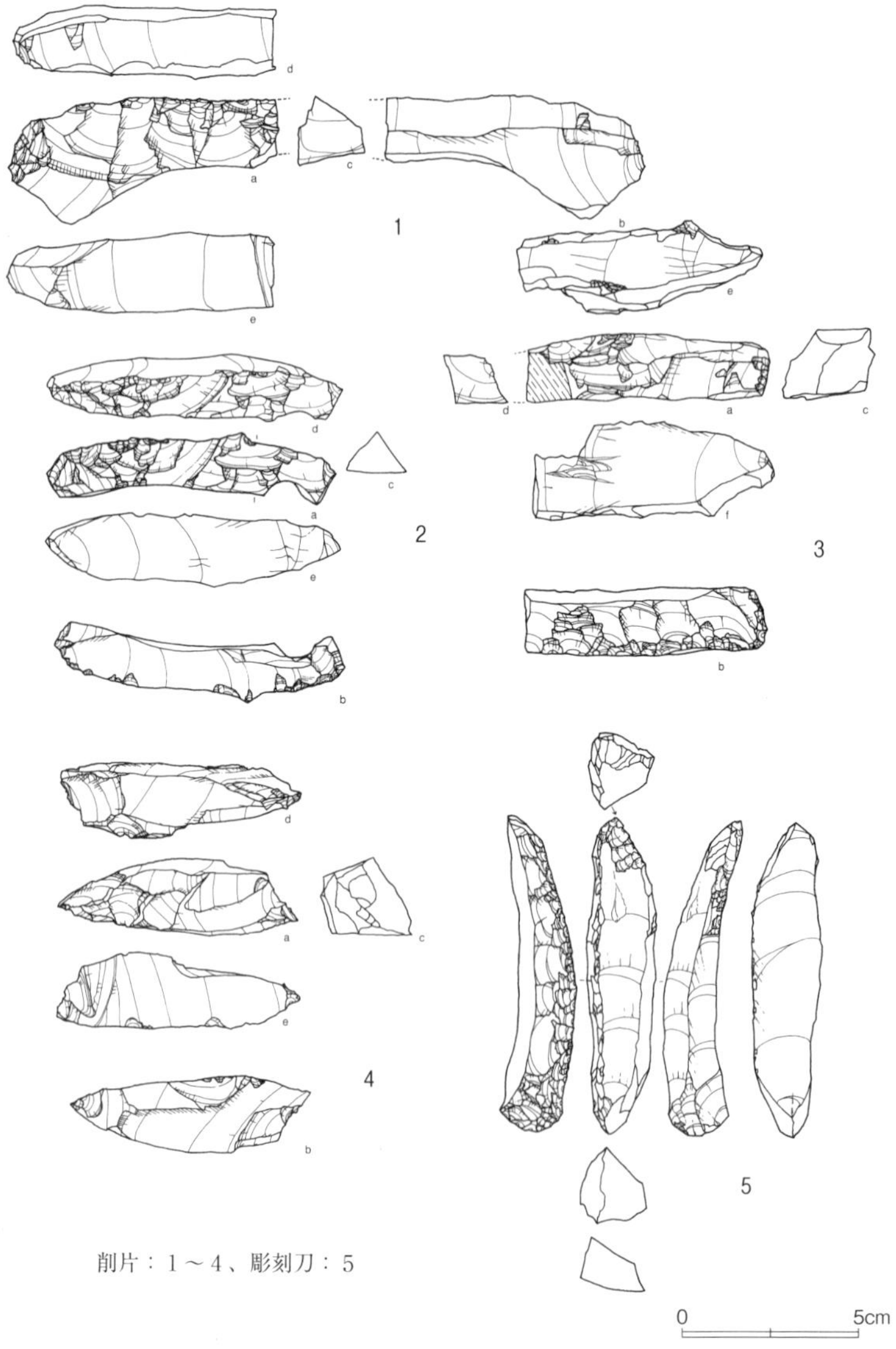

図41　出土細石刃核削片および関連資料実測図（５は４次報告書、他は報告書より）

5　荒屋遺跡の細石刃製作技術

ここでは、細石刃核、細石刃核母型、細石刃核削片から、荒屋遺跡の細石刃製作技術を検討する。荒屋遺跡には削片系と非削片系の細石刃製作技術があることから、それごとに記述する。

(一)　削片系細石刃製作技術

荒屋遺跡出土の削片系技術に関する細石刃核はいずれも両面体を母型としている。図38・3、図39・4などから母型は木葉形や方形であったと推定される。母型の整形は基本的に周縁からの求芯状の剥離で行われたが、細石刃核には側面に長軸方向の縦長の剥離痕のあるものがあり（図36・4）、石核整形の初期段階で縦長剥片が剥離される場合もあったと思われる。この石核の縦長の剥離痕には彫器が接合しており、道具類の素材生産も意図されていたようだ（図42・1）。

その後、母型から削片が剥離され、甲板面が作出される。ファーストスポールとスキー状スポールの出土点数をくらべると、前者が圧倒的に多いことから、一回の削片剥離のみで甲板面作出を終えることが多かったと推定される。大塚による荒屋技法はこうした一回のみの削片剥離の多さを反映したものだろう。削片剥離は母型の端部縁に加撃して行われるが、先行して加撃部に入念な調整が施され、正面からみると稜線が直線的に通り、側面観が船の舳先状になる。

削片剥離は母型の長軸に沿ったもののほか、母型端部や短軸を剥離するもの（図40・6、8）、母型の長軸両側縁で剥離を行うもの（図39・4）など多様なあり方が認められる。

また、断面不等辺三角形の削片が剥離され、甲

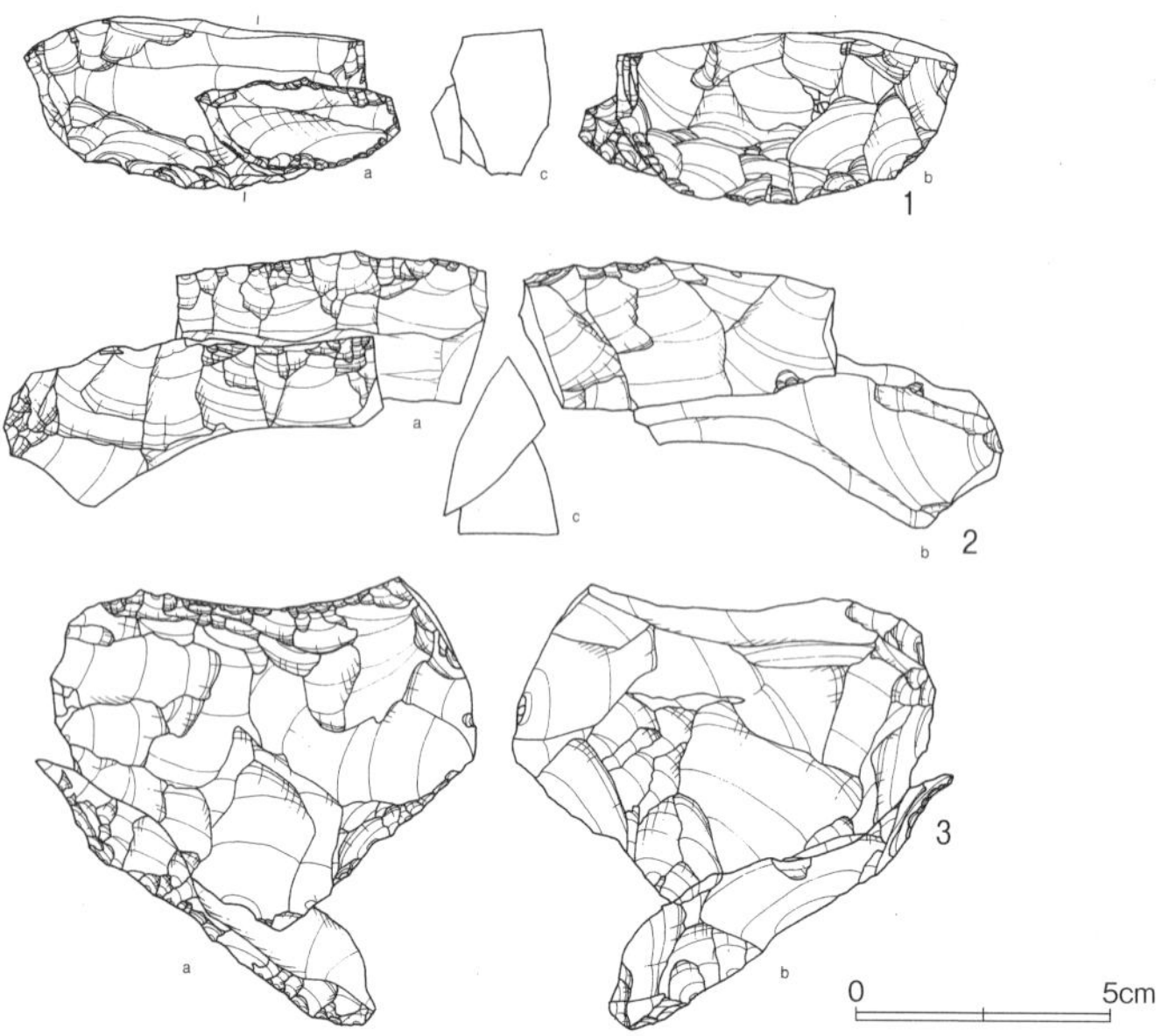

図42　細石刃製作技術関係接合資料（報告書より）

板面が大きく傾くものが認められることも特徴の一つである。傾いた甲板面では高い側の稜線から側面に調整が行われる。これは、稜線の高さを減ずるとともに、稜線を母型断面の中心に寄せて断面をレンズ形に近づけることで、次の削片剝離で甲板面の傾きを補正することを意図したと考える。このとき傾いた甲板面の低い稜線側の側面に長軸方向の剝離を施す場合がある。これも、断面形態の整形を目的としたものだろう。こうした側面への剝離によって、母型の断面形をレンズ状に近づけたと思われる。剝離された剝片は縦長で彫器等の素材となった。道具類の素材生産も目的の一つだった可能性が高い。

図42・2は、第二・三次発掘調査で出土したファーストスポール（図40・7）とスキー状スポール（図41・1）の接合資料である。両面体から断面不等辺三角形のファーストスポールが剝離

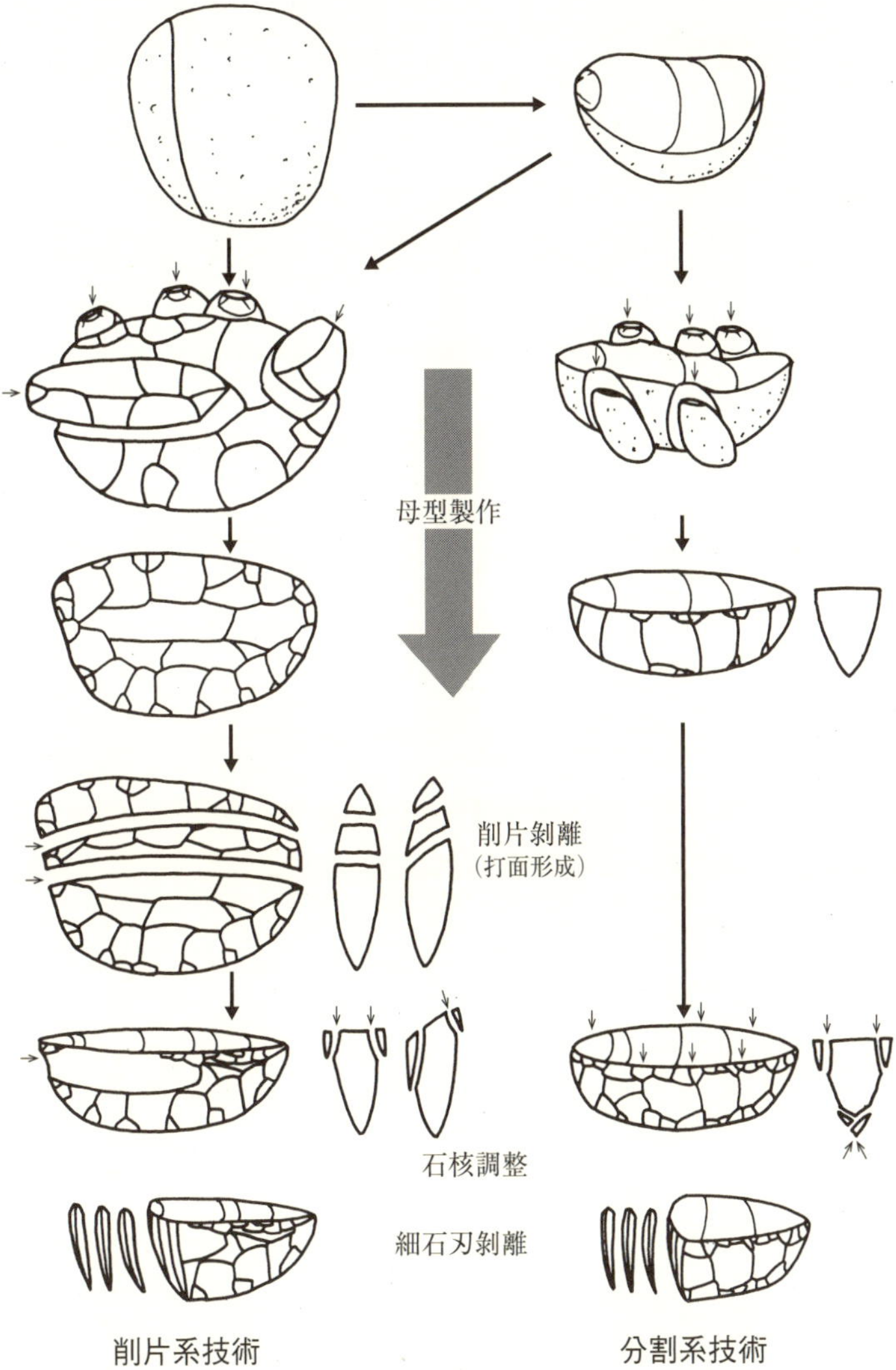

図43　荒屋遺跡細石刃剥離技術概念図

され甲板面が大きく傾いたが、その甲板面の高い側の稜線から側面に調整を行い、その反対側の側面には長軸方向の剝離が施されている。その後、スキー状スポールが剝離され傾きが補正され、水平な甲板面が作出された。

図41・5はスキー状スポール素材の彫器であるが、傾いた甲板面の高い稜線への集中的な調整と、低い稜線側での長軸方向の剝離の後、彫器素材となったスポールが剝離されて傾いた甲板面が補正されたことがわかる。

こうした傾いた甲板面補正のほか、細石刃核母型の側面に甲板面や下縁からの調整が行われるものもある。報告書は、この調整は細石刃核の断面形を左右対称とするために、断面がふくらんだ側に行われると指摘している。

細石刃剝離は母型端部で行われ、両端で行われるものもある。第二・三次報告書によれば、打面と作業面のなす角度はネガ面の甲板面打点側で平均七三・七度、先端側七六・三度、削片素材の細石刃核の打点側六五・五度、先端側七八度である。細石刃剝離作業面の長さと幅の平均は長さ二三ミリ、幅一六ミリである。

(二) 非削片系細石刃製作技術

荒屋遺跡における非削片系細石刃核、細石刃核母型は厚手の剝片や礫を素材としたと推定される。剝片の腹面、礫面などの平坦面を甲板面として側面加工によって舟底形に整形されたものが基本である。側面調整は、甲板面から行われるほか、下縁から行われる場合もある。甲板面を打面、石核端部を作業面として細石刃剝離が行われる。こうした細石刃剝離工程はホロカ技法とよばれている。

下縁から側面調整が行われた細石刃核の図37・

5は断面三角形の舟底形となる。甲板面から側面調整が行われた細石刃核の図37・6、細石刃核母型の図38・4は底面に素材剥片の背面を残し、断面五角形の舟底形となる。織笠昭によれば、第一次発掘調査出土細石刃核には礫面を甲板面とするものが少なからずあるという。織笠は原礫を直角に近い角度で打面転移しながら分割する素材作出過程を想定している。しかし、第二・三次発掘調査ではこうした資料は出土していない。第二・三次発掘調査の対象とならなかった南側のトレンチからこうした資料がまとまって出土したのかもしれない。

6　彫刻刀と彫刻刀削片

彫刻刀とは剥片などを素材とし、その縁辺を取り込んだ縦長の剥離によって、彫刻刀状の刃部を作出した石器である。刃部を彫刀面、刃部を作出した縦長剥離を樋状剥離《ひじょうはくり》とよぶ。荒屋型彫刻刀は剥片の全周に加工を施し、端部左肩に彫刀面を作出したものである。荒屋遺跡の発掘調査で出土した彫刻刀は一〇〇〇点を優に超え、表面採集されたものも含めると二〇〇〇点以上になるかもしれない。発掘調査が遺跡のごく一部にとどまっていることから、一万点以上の彫刻刀が荒屋遺跡に包蔵されている可能性もある。彫刻刀削片は、発掘調査出土だけで一万点近い点数になることから、遺跡に包蔵されている点数は一〇万点を超えると思われる。

報告書では彫刻刀の分類や製作技術の検討、使用痕分析による機能推定が行われた。その記述にもとづいて彫刻刀の分類と形態、製作技術、機能を概観しよう。

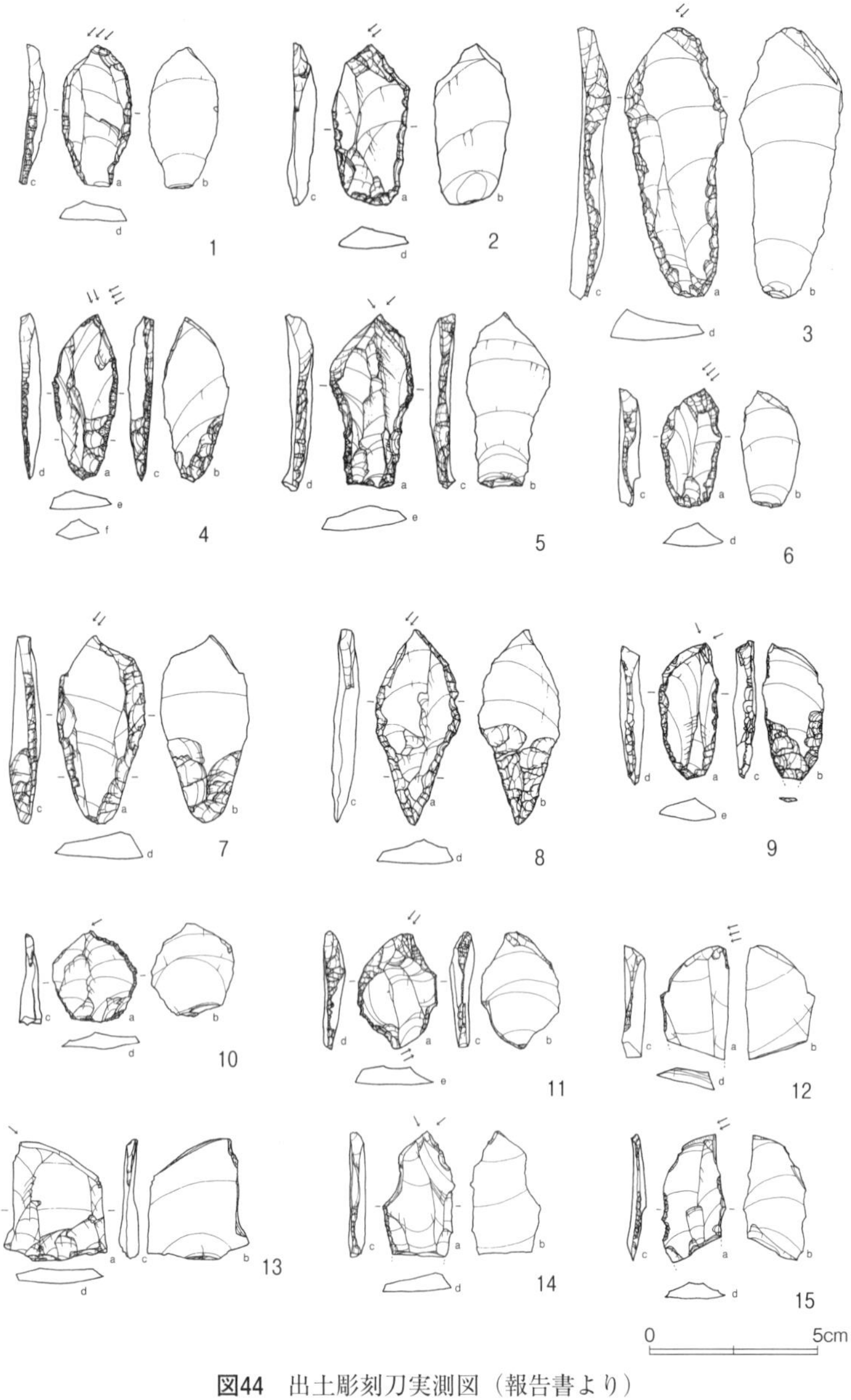

図44　出土彫刻刀実測図（報告書より）

(一) 分類と形態

報告書では、六二六点の彫刻刀のうち破損等で形態不明の三四点を除く五九二点が以下の四形態と類型外とに分類されている。

第一形態：背面の全周に加工が施され、左肩に彫刀面を作出したもの（図44・1〜3、6）。

第二形態：背面の全周と腹面の基部に加工が施されたもの、基部が舌状になるものが多い（図44・4、7〜9）。

第三形態：縦横の長さがほぼ等しく、栗の実形を呈し、右肩のノッチを打面に彫刀面を作出したもの（図44・10）。

第四形態：彫刀面打面周辺にのみ二次加工のあるもの（図44・12、13）。

第一〜三形態は芹沢による三形態分類を踏襲し、それに第四形態として彫刀面打面周辺にのみ二次加工のあるものが加えられている。形態別の点数はそれぞれ三六四点、二二点、四点、一一七点である。

さらに報告書では、二次加工のあり方から第一形態関連をA〜Cに三細分、第二・四形態関連をA〜Dに四細分し、それぞれを彫刀面の形態からa〜fに六細分した。彫刀面分類では、対象となった七一二の刃部のうち（石器個体ではなく刃部を単位として分類された）、左肩に作出されたものが五七三点とその大半を占めたが、右肩に作出されたもの六九点、左右にあるもの四八点、基部と先端に作出されたもの四九点なども認められた。

(二) 製作技術

彫刻刀は剥片や縦長剥片を素材とする。内傾する打面（衝角打面）、一一〇度前後の剥離角、横方向の剥離を含む背面構成などから、細石刃核整

	二次加工分類	彫刻刀面分類	特　　　徴	点数
第１形態 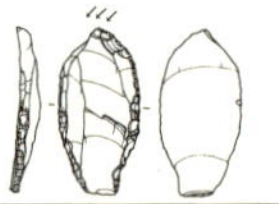	A	a～f	背面の全周辺に細かい整形が施され、左肩に彫刻刀面を刻んだ形態。芹沢が設定した第１形態に相当する。	364
	B	a～f	背面の左側縁と腹面の左側縁に調整が加えられる形態。芹沢が設定した第１形態は背面全周辺に調整が加えられるのが特徴であるが、この形態も全周辺に調整が加えられ、腹面の縁辺の調整も背面同様の急斜度調整であることから、第１形態に含めた。	5
	C	a～f	背面の右側縁と腹面の右側縁に調整が加えられる形態。Bと同じ理由により、第１形態に含めた。	10
第２形態 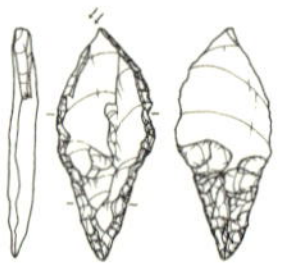	A	a～f	背面の全周辺に細かい整形が施され、基部の腹面にも剥離が加えられる。基部は舌状に整形される場合もある。芹沢が設定した第２形態に相当する。	22
	B	a～f	背面の全周辺と腹面の左側縁に調整が加えられる形態。腹面の基部調整は、左側縁にのみ加えられるが、調整の角度が緩やかで平坦剥離に近いことから第２形態として含めた。	3
	C	a～f	背面の全周辺と腹面の右側縁に調整が加えられる形態。Bと同じ理由により、第２形態に含めた。	4
	D	a～f	背面の両側縁と腹面の基部の一部に調整が加えられる形態。腹面の調整は急斜度であり、他の形態とは若干異なるが基部調整が加えられる点で第２形態に含めた。	9
第３形態 		a～f	縦横の長さがほぼ等しく、栗の実のような形をしている。特に右肩にノッチ をいれ、そこを打面として左肩に彫刻刀面を刻んでいる。芹沢が設定した第３形態に相当する。	4
第４形態 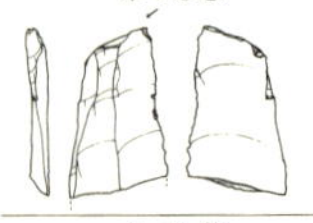	A	a～f	背面の一部と彫刻刀面打面への調整のみが加えられる形態。	60
	B	a～f	彫刻刀面打面への調整のみが加えられる形態。	57
	C	a～f	無調整で彫刻刀面を刻んでいる形態。	6
	D	a～f	折れ面を打面として彫刻刀面を刻んでいる形態。	7
そ の 他		a～f	破損のため不明	34
		a	左肩に彫刻刀面を有する。	
		b	右肩に彫刻刀面を有する。	
		c	左右の両肩に彫刻刀面を有する。	
		d	基部と先端部の左肩、又は基部と先端部の右肩に彫刻刀面を有する形態	
		e	基部の左肩と先端部の右肩、基部の右肩と先端部の左肩に彫刻刀面を有する。	
		f	３つ以上の彫刻刀面を有する。	

図45　彫刻刀の分類図（報告書より）

形の初期段階で生じた剥片を主体とすると考えられる。接合資料の図42・1の存在もこれを支持する。彫刻刀と剥片のサイズの比較では彫刻刀の方が長狭であることから、剥片のなかから適合するサイズのものを選択しているようだ。

荒屋型彫刻刀の彫刀面に対する調整としては、腹面から彫刀面への調整と彫刀面から彫刻刀背面への調整がある。後者は、綿貫俊一・堤隆によって、フラットグレーバー状剥離とよばれたものである（第Ⅰ章23頁）。報告書では前者を調整①、後者を調整②とよび、その組み合わせから、彫刻刀削片を分類した（図45）。調整①の出現率は彫刻刀で三〇％程度、彫刻刀削片で三〇％強、調整②の出現率は彫刻刀で一〇％に満たないものの、彫刻刀削片では二〇％程度である。その結果から、調整①は削片剥離直前ではなく彫刀面製作直後に、調整②は削片剥離を契機に行われたとする。調整②は削片剥離が腹面側に傾くのを防ぐ目的があったのだろう。

第一次発掘調査では彫刻刀四二五点、彫刻刀削片一一四二点、第二・三次発掘調査では彫刻刀六二六点、彫刻刀削片八三四九点が出土した。彫刻刀と削片の比率は前者で一対二・七、後者で一対一三・三である。ふるい選別の行われた第二・三次発掘調査で彫刻刀削片の比率が高い。いずれにしても削片が彫刻刀を大きく上まわり、刃部再生の頻度がきわめて高かったことを示している。

(三) 定義について

荒屋型彫刻刀は第一次発掘調査を担当した芹沢長介によって設定された。その一次略報の記述では、三形態分類全体を荒屋型彫刻刀としているようだ。その後、芹沢は基部を両面加工した第二形態だけが荒屋型彫刻刀に該当するような記述を行っている。芹沢の設定以降の研究においては、その定義と形態に焦点があてられた。第一次発掘調査出土彫刻刀については、山中一郎による分析が公表され、第一形態が七割近いことが示された。

報告書は第一〜三形態を荒屋型彫刻刀とし、第四形態は周辺加工が認められないことから、その定義から外れるとしている。一方、背面左側辺と腹面左側辺に対向剥離の加工がほどこされた形態は、背面加工ではないものの加工が石器の全周をめぐることから、荒屋型彫刻刀のバリエーション

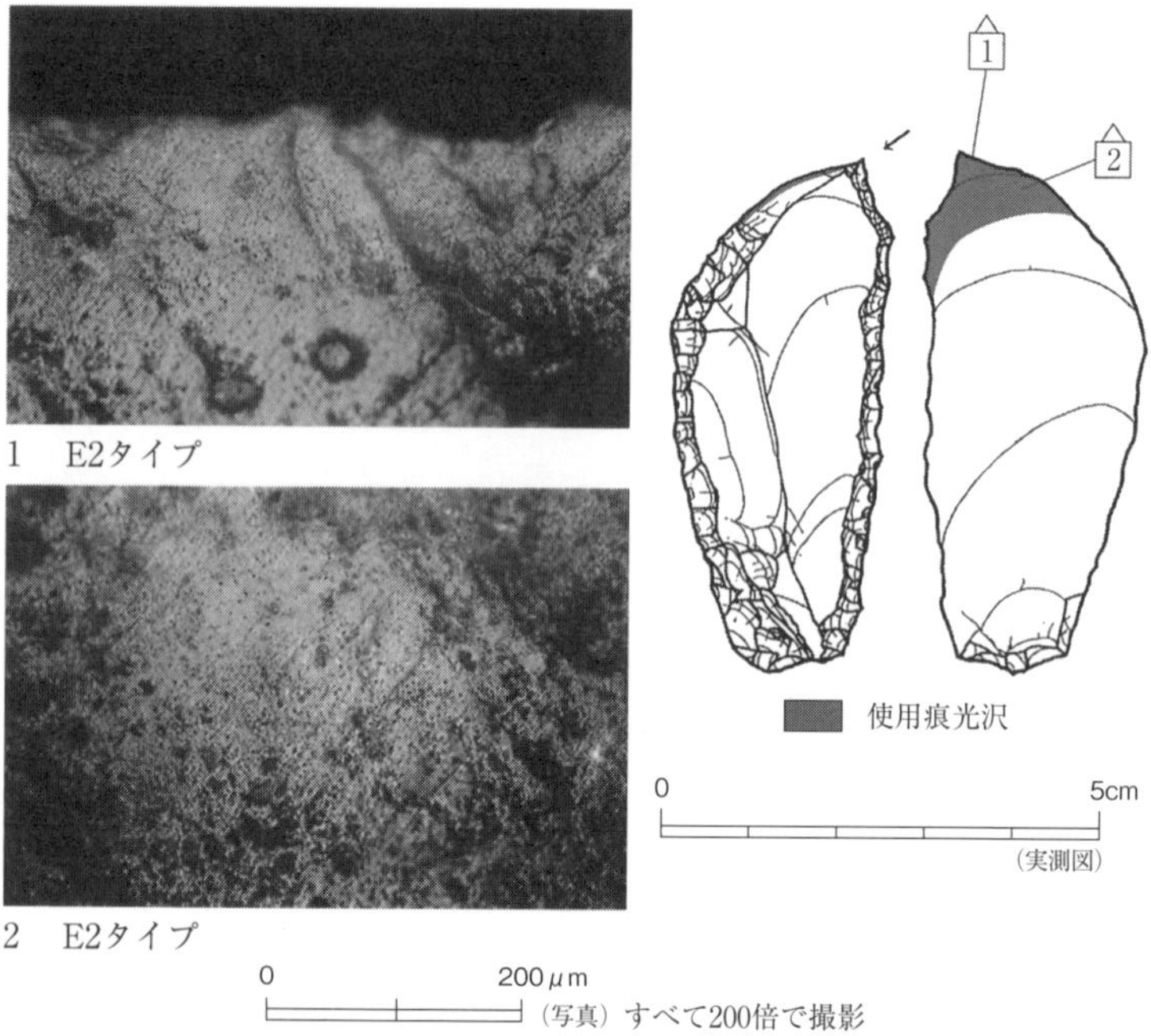

図46―1　彫刻刀の使用痕（報告書より）

として理解できるとした。

しかし、話はそれほど単純ではなさそうだ。第四形態とされた彫刻刀は、図44・12のように加工が全周をめぐらないことを除くと、全体の形状や調整①の存在など荒屋型彫刻刀としての要件を満たすものが含まれる。素材剥片の形態が要件を満たしていれば、周辺加工が省略される場合がある、ともみられそうだ。また、図44・11のように第三形態に近いもの、図44・5、14、15のように第一～三形態とはまったく異なるものなどもあり、その内容はかなり多様である。

研究史とりわけ芹沢長介の分類を踏まえれば、第一～三形態を荒屋型彫刻刀とすることは妥当ではある。ただし、第三形態はわずか四点と一つの類形とするには点数が少なすぎる。また、当時の石器製作者の認識を問題と

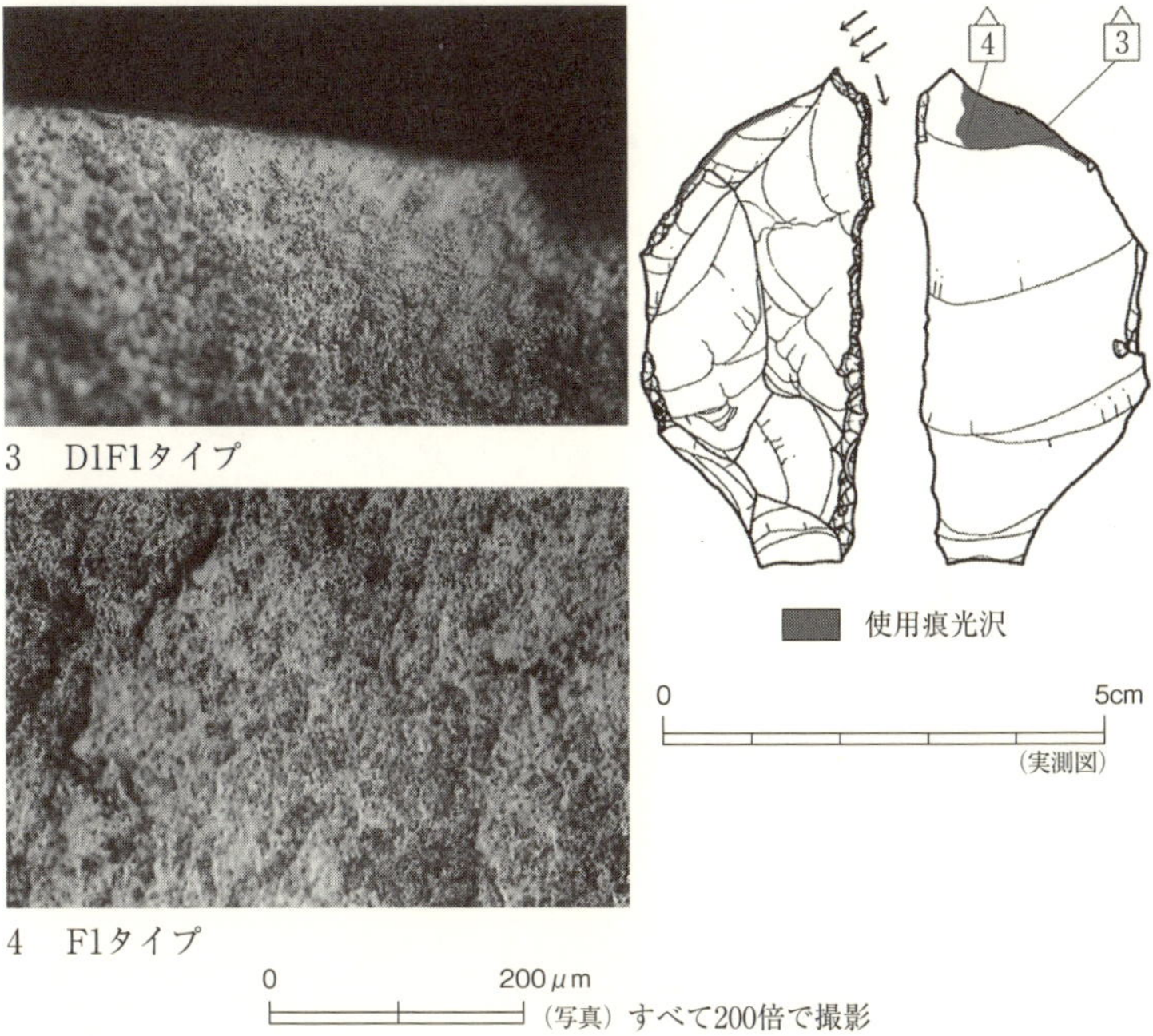

図46—2　彫刻刀の使用痕（報告書より）

したり、荒屋型彫刻刀を遺跡間比較の指標とする場合、どこまでをそのバリエーションとみなすのが妥当なのかは議論が分かれそうだ。荒屋型彫刻刀の定義からは外れるものの、周辺加工以外の要件を満たすものが第四形態に一定量含まれる状況は、荒屋型彫刻刀をどのように認識すべきかについて資料に即した議論を行う必要性を示している。

(四) 機　能

彫刻刀一七四点、彫刻刀削片八九〇点を対象に使用痕分析が行われた。それぞれ八一点、三八二点で骨・角の削りに対応するD1、D2、C、乾燥皮のなめしに対応するE2タイプの微小光沢面が検出された。なかには両方の光沢面が重複したものが確認でき、複数の被加工物に対して使用された彫刻刀があることもわかった。

骨・角の削りに対して使用された彫刻刀は二八点、彫刻刀削片は二三九点、乾燥皮のなめしに使用された彫刻刀は三九点、彫刻刀削片は七六点であった。使用痕の重複が確認された石器は彫刻刀が八点、彫刻刀削片が三四点である。彫刻刀の着柄痕について、報告書では触れられていないが、鹿又喜隆は「荒屋型彫刻刀の機能―荒屋遺跡第2・3次発掘調査資料の分析を通して―」（『シンポジウム日本の細石刃文化Ⅱ―細石刃研究の諸問題―』、二〇〇三年）において、着柄にかかわる痕跡は確認されなかったとしている。

7　その他の石器

細石刃と彫刻刀以外では、掻器二一点、削器一六点、錐器二七点、鏃形石器四点、両面加工尖頭器一点、礫器一二点が出土しており、荒屋遺跡では本州島の北方系細石刃石器群に組成される道具類がすべてそろっている。ここでは、それぞれの器種ごとに形態と分類、機能について説明する。

(一) 掻　器

掻器（エンドスクレイパー）とは、剥片の端部に加工をくわえて円弧状の刃部を作出した石器である。荒屋遺跡出土の掻器は背面の全周に急角度の加工が施された周縁加工のものが基本である（図47・1～4）。サイズは、完形品の平均値で長さ五八・八ミリ、幅三三・三ミリ、厚さ八・六ミリで、彫器や錐器とくらべて厚手で大型の剥片を素材としている。一九点すべてが、剥片の先端側に刃部を作出し、バルブが発達したものは基部腹面への加工でその厚さを減らしている。素材腹面に加工がくわえられたものが定量認められる。図47・4

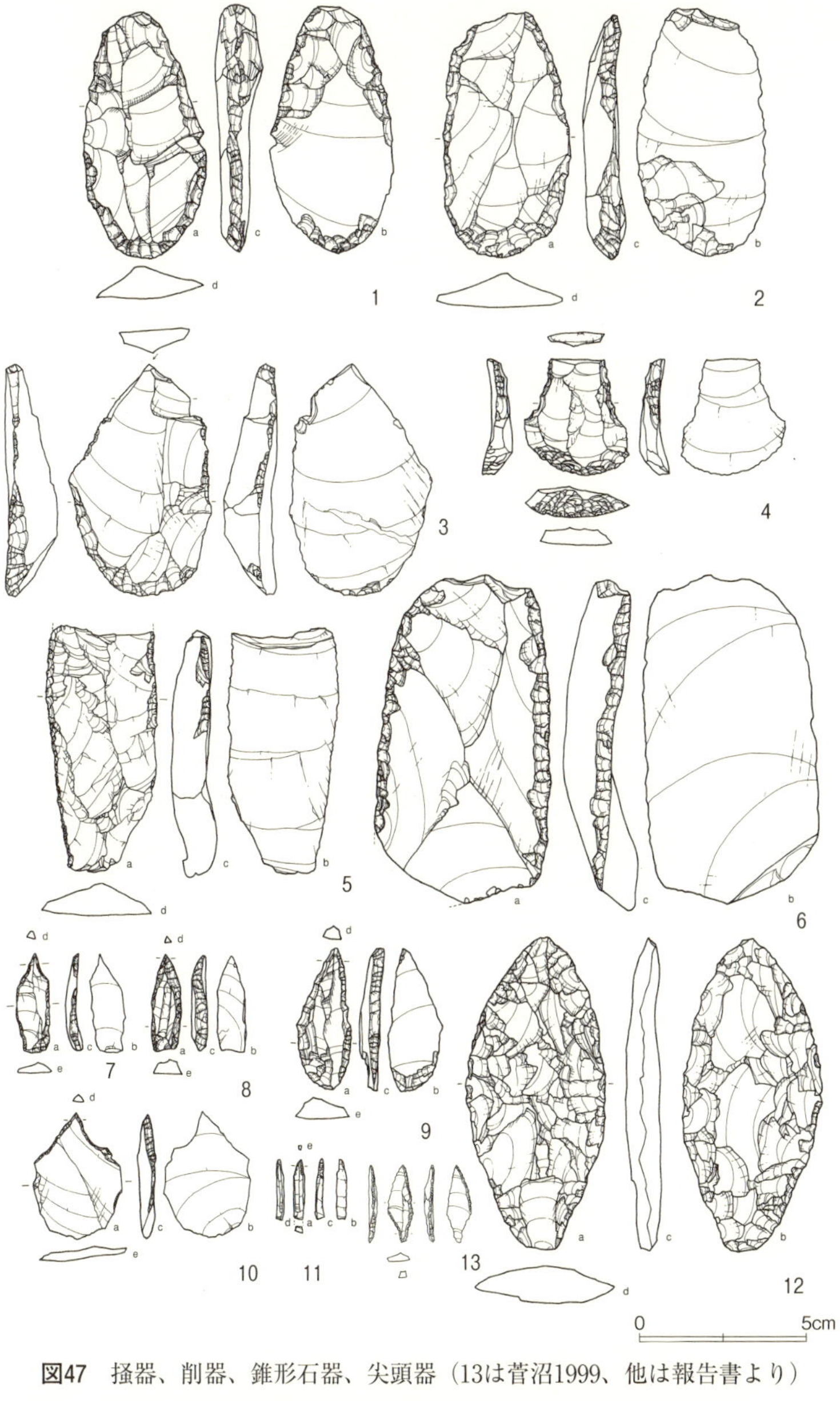

図47　掻器、削器、錐形石器、尖頭器（13は菅沼1999、他は報告書より）

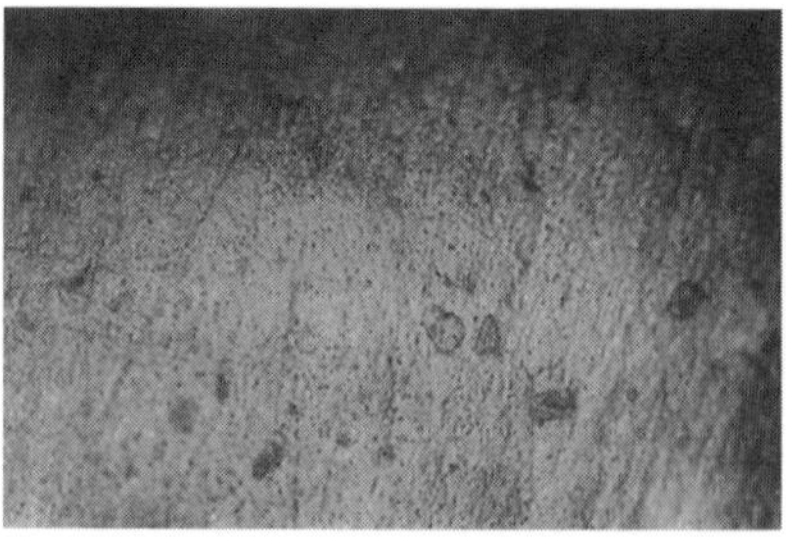

1　E2タイプ

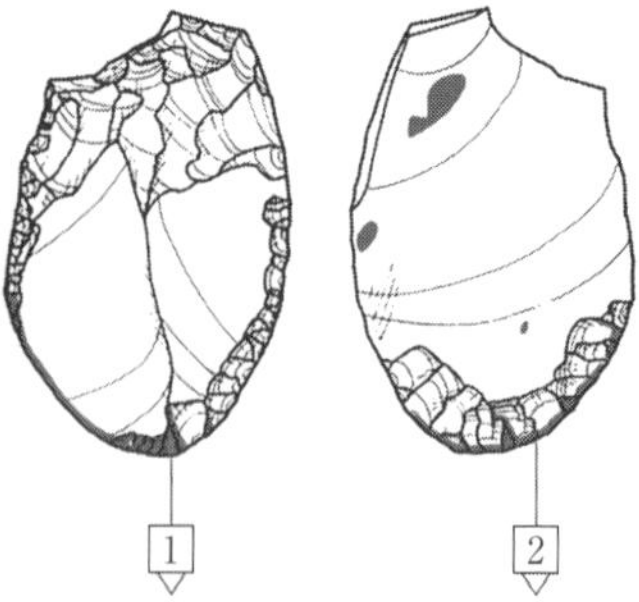

使用痕光沢
輝斑
0　5cm
（実測図）

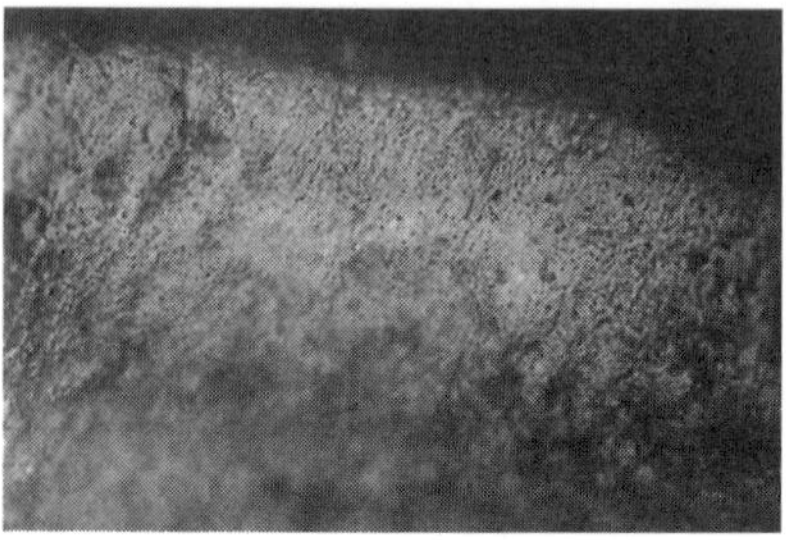

4　E2タイプ

0　200μm
（写真）すべて200倍で撮影

図48　掻器の使用痕（報告書より）

は刃部側に肩部をつくり出しているもので、山形県角二山遺跡で型式設定された角二山型掻器とよばれるものである。

一九点すべてで使用痕分析が行われた。その結果、一五点で使用痕が確認され、うち一二点が皮なめしの作業に使用されたと推定された（それ以外は、不明瞭あるいは微弱な使用痕である）。これら一二点は微小光沢面がよく発達し、刃部には肉眼で確認できるほどの摩耗が認められるものもある。重度の使用を示す現象である。

基部に独特の光沢面のある石器が少なからず存在する。この光沢面は平滑で明るいという特徴をもち、輝斑とよばれ従来は使用以外の要因で生じたものとされてきたが、近年着柄によって生じる場合があることが知られており、報告書でもその可能性が示唆されている。

掻器が皮の加工に使用された、と推定されたことにより、荒屋遺跡には皮なめしの道具として掻器と荒屋型彫刻刀の二種類の道具が存在したことになる。両者の使用のあり方を見ると、掻器で重度の使用が想定され、彫刻刀にはそれほど重度の使用を示す痕跡を確認することができない。道具としての寿命の長さや管理のされ方などの違い、あるいは皮革処理工程における使い分けがあったことなどが考えられるが、詳細は今後の課題である。

(二)削　器

削器（サイドスクレイパー）とは、剥片の端部や側縁に加工を施して直線的な刃部を作出した石器である。荒屋遺跡出土削器は、大型の剥片を素材とし、両側縁に急角度の加工を施して刃部が作出されたものである（図47・5、6）。サイズや形態にばらつきがあり、多様な素材が選択されたことがわかる。

使用痕分析では、対象資料が少なかったこともあって使用痕は一点で観察できたのみである。確認できた使用痕も不明瞭なもので、具体的な使用法は不明である。

(三)錐　器

剥片などの端部を加工して錐状の刃部を作出した石器である。報告書によれば、荒屋遺跡出土錐器には以下の二形態がある。

a．背面の両側縁に急角度の加工を施して全体の形状を細身の二等辺三角形とし、先端を軽くえぐり込んで刃部を作出したもの（図47・7～9）。

b．幅広の剥片を素材として、その端部のみ加工して刃部を作出したもの（図47・10）。

前者は、本州島の北方系細石刃石器群にみられる形態である。また、一点のみであるが彫刻刀削片の先端に錐状の刃部を作出したものもある（図47・11）。

使用痕分析の結果、四点で先端部に使用痕の可能性のある痕跡が確認された。しかし、一点が骨・角の穿孔に使用されたと推定されるほかは、全体に使用痕の発達は低く、詳細はよくわからないようだ。

（四）鏃形石器

鏃形石器は第一次発掘調査で四点出土したとされている。薄手の剥片の周辺に加工をくわえて鏃形に整形したものである（図44・13）。芹沢によって植刃器の先端に装着された可能性が指摘されているが、第二・三次発掘調査では出土しなかったため詳細はわからない。シベリアなど大陸側でも植刃器の先端に石器を装着した事例は知られていない。

（五）両面加工尖頭器

図47・12はⅢｂ2層から出土した珪質頁岩製の両面加工尖頭器である。長さ九〇ミリ、幅四一ミリ、厚さ一〇ミリ、重さ四三グラムで、断面形からｂ面側が腹面となる剥片を素材としたと考えられる。平面形は器体中央に最大幅のある木葉形を呈する。

（六）礫　器

四次にわたる発掘調査で一二点出土した。凝灰岩などの粗粒の川原石端部に片面もしくは両面の粗い剥離によって刃部を作出している。木の加工等に使用されたとの推定もあるが、具体的な機能は不明である。山形県角二山遺跡など北方系細石

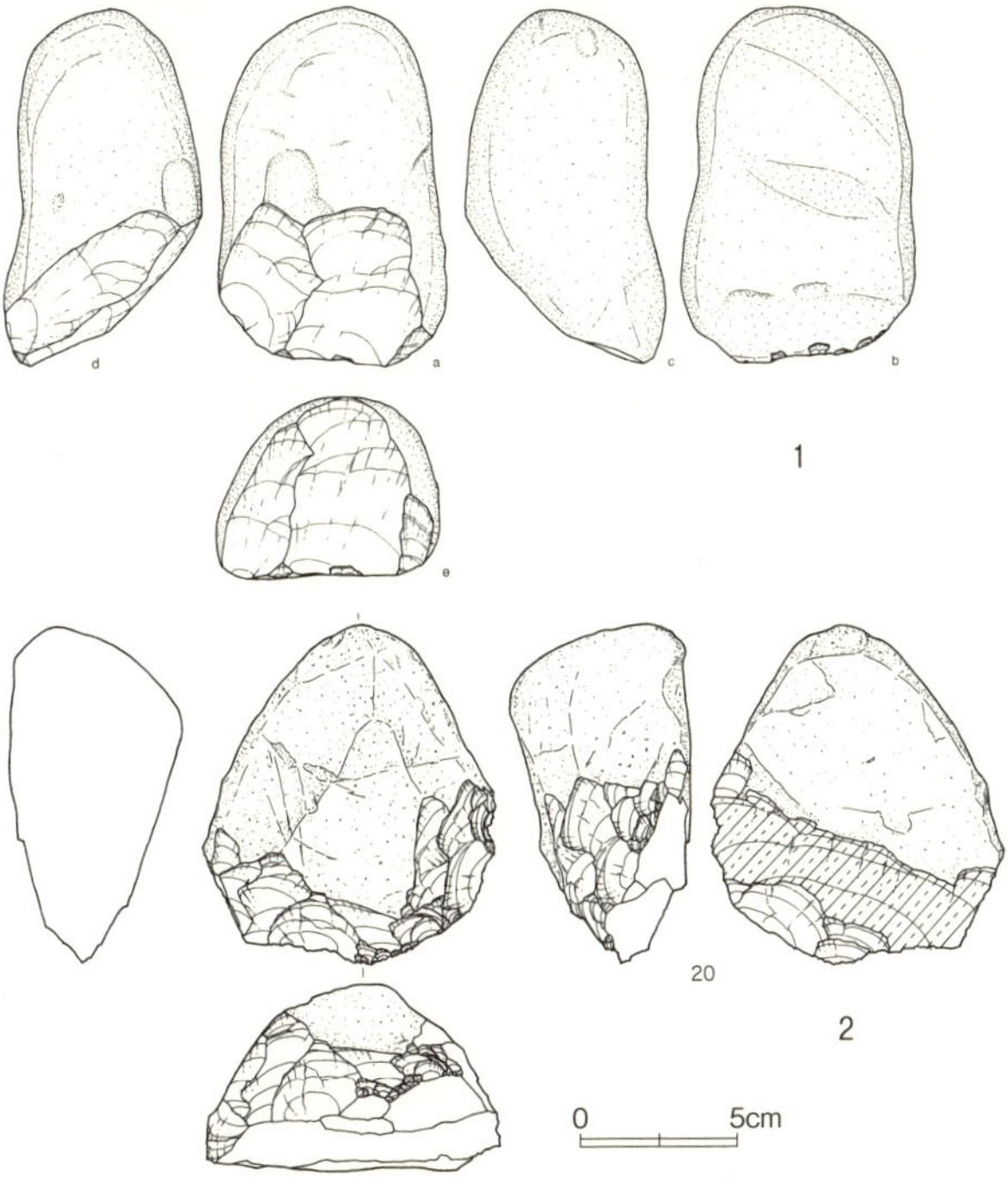

図49　礫器（1は報告書、2は4次報告書より）

刃石器群の類例もあるが、円錐形細石刃核を主体とする石器群の主要な道具類で、南関東の細石刃石器群の遺跡で多くみられる器種である。

8　石器石材

荒屋遺跡出土石器はほぼ全点が珪質頁岩を石材としている。硬質緻密で珪質化の進んだ珪質頁岩であり、剥離面はきわめてなめらかである。色調はチョコレート色を呈する褐色から黄褐色、灰褐色で斑点状の変色をもつものがある。

珪質頁岩は本州島東北部日本海側に広く分布する堆積岩であり、その産地推定は困難とされてきた。秦昭繁は「珪質頁岩の供給」（『縄文時代の考古学6　ものづくり—道具製作の技術と組織—』、二〇〇七年）において、珪質頁岩の形成過程、東北地方における分布を説明したうえで、偏光顕微鏡による石英タイプの観察から新潟県を含む東北各地産出の珪質頁岩の特徴を述べた。

さらに、秦は「新潟県の珪質頁岩石材環境と特徴」（『第二一回東北日本の旧石器文化を語る会予稿集』、二〇〇七年）で、荒屋遺跡や小千谷市真人原遺跡で石材の珪質頁岩の産地について見とおしを示している。それによると、荒屋遺跡に最も近い珪質頁岩産地は、魚沼丘陵東側であるが、石英タイプの観察によれば荒屋遺跡などの珪質頁岩ほど発達していないため、ここが荒屋遺跡の主要な石材産地である可能性は低いとする。また、新潟県北部阿賀野川流域では荒屋遺跡の石材に近い石英タイプの頁岩が確認されているが、外観が異なるという。そして、石英タイプと外観の二点から、現時点で最も有力な産地候補は山形県の最上川中流域であるとする。東北部を中心とする本州島の北方系細石刃石器群の遺跡分布と調和的であり、興味深い見解である。

石材の産地を推定するうえで、遺跡に持ち込まれた石材の大きさや形状、遺跡内で行われた石器製作が手がかりとなる。石材産地に近い遺跡では大型の石材が原石に近い状態で搬入され、原石の荒割り、石核整形、剝片剝離など初期段階の石器製作が盛んに行われることが多い。剝片の比率が非常に高く、相対的に道具類が少ないのが石器組成上の特徴である。

荒屋遺跡では剝片や砕片が大量に出土したものの、礫面をもつものの割合はわずか三・六％である。また、道具類の方が剝片よりも大きいため、遺跡内で剝離された大型剝片のほとんどが道具類の素材として利用されたか、ほとんどの道具類が搬入品と考えられるという。現時点では、荒屋遺跡出土石器群の主要な石材産地が最上川中流域である可能性が高いと考えるが、その確定にはさらなる分析によって他に石材産地がある可能性を否定する必要がある。しかし、出土遺物のあり方からみれば、少なくとも石材産地は遺跡から遠隔地にあることは確実である。

V　一万七〇〇〇年前のできごと

荒屋遺跡は後期旧石器時代の終末すなわち旧石器時代から縄文時代への移行期に位置づけられる。この時期は、氷河期から温暖期へ移り変わっていく時期であり、そうした環境の変化に対する人類の適応という視点が重要である。

この章では、最初に荒屋遺跡が位置づけられる旧石器時代とはどういう時代かを概説する。つづいて、荒屋遺跡の歴史的意義について述べるが、そこでは遺跡、地域、日本列島、地球と視点を変化させながら論を進めることとする。あたかも地上から高度を上げていくように、荒屋遺跡を取り巻く歴史に対する視野を広げていく。また、視野の拡大にともない、時間の尺度も長くなる。歴史における時空間の尺度の変化を意識しながら、荒屋遺跡の意義を検討することを試みていこう。

1　荒屋遺跡の時代

（一）荒屋遺跡の年代

荒屋遺跡では第一～三次発掘調査で放射性炭素年代測定が行われ、約一万四一〇〇年前を中心とする測定値が得られた。第二・三次発掘調査出土資料の測定を行った北川浩之によれば、これは暦年代較正値でおおむね一万六〇〇〇～一万七〇〇〇年前に相当するという。

放射性炭素年代測定とは放射性炭素の壊変から年代を測定する方法である。動植物の体内の放射性炭素（炭素14）の比率は死ぬまでほぼ一定だが、死後は新しい炭素が補給されなくなるため、半減期五七三〇年でその比率が減少する。この性質を利用して生物の死後の年代を測定するのである。近年は、タンデム加速器を使用した測定方法（AMS法）が一般的で、この方法は微量の試料で分析が可能であるため、その適用範囲が大幅に広がった。土器の胎土に混ぜられた植物繊維、土器や礫に付着した炭化物などは、考古資料中に微量にしか存在しないが、その製作や使用された年代に直近の測定値を示すはずであり、こうした試料の分析が可能になった。

一方、放射性炭素年代測定によって得られた測定値は、炭素同位体である炭素14の大気中の比率がつねに一定であることを前提としているが、実際の大気中の放射性炭素の濃度は時間とともに変動している。この変動が年代測定値に与える影響は、樹木の年輪や湖底の年縞堆積物を約一〇～二〇年分ずつ測定して、年輪などから読み取った暦年代と測定値との対応関係を対比することで補正できる。この対応関係を示す較正曲線を利用して、測定値を暦年代へと較正するのである。

これ以降この章では、原則として暦年較正された年代を用いる。暦年較正されていない放射性炭素年代の測定値を使用する場合には、「測定値」の用語を使用する。

(二) 後期旧石器時代のはじまりと終わり

次に、荒屋遺跡が属する後期旧石器時代とはどのような時代だったのか確認しておこう。

旧石器時代は人類の誕生から新石器時代のはじまりにいたる、約五〇〇万年前から一万年前までの人類の歴史の大半を占めている。人類はアフリカ大陸で猿から進化して誕生し、猿人、原人、旧人、新人と進化した。おおむね、猿人・原人が前期旧石器時代、旧人が中期旧石器時代、新人が後期旧石器時代に相当する。

人類はアフリカ大陸を出て各地に拡散したが、原人段階の約一五〇万年前と新人段階の約数万年前の出アフリカがとりわけ重要である。とくに、新人は、高度な石器製作技術や精神文化をもち、動物の骨や毛皮などを利用して衣服や住居を製作した。そのため、シベリアなどの極寒の地にさえ進出が可能となり、最終的にはアメリカ大陸にまで到達した。また、東南アジアを経てオーストラリア大陸にも到達した。こうして、新人は南極大陸を除く、五つの大陸に拡散したのである。

日本列島に人類がやってきたのは、いつ頃だったのだろうか。一九八〇年代以降、宮城県を中心に旧人、原人段階とされる前・中期旧石器時代の遺跡が多数発見され、調査研究が進められた。しかし、二〇〇一年にこれらはねつ造されたものであることが判明し、その間の研究成果は無効となってしまった。

現時点で確実な日本列島最古の遺跡は、後期旧石器時代初頭といえ、その年代は約四万年前とみられる。列島最古の石器群は、台形様石器と石斧を特徴とする。その後、ナイフ形石器（以下、「ナイフ」という）、尖頭器、細石刃と主要な石器が変遷した。また、列島の後期旧石器時代は縦長の剝片を連続的に剝離する技術、いわゆる石刃技術を特徴とする。この石刃技術は、世界的にみても新人と深くかかわる石器製作技術である。

CalPal-2007Huluによる石器群・土器群の較正年代
(バーは各遺跡で測定された複数の^{14}C年代の較正年代の範囲(1σ)を示す)

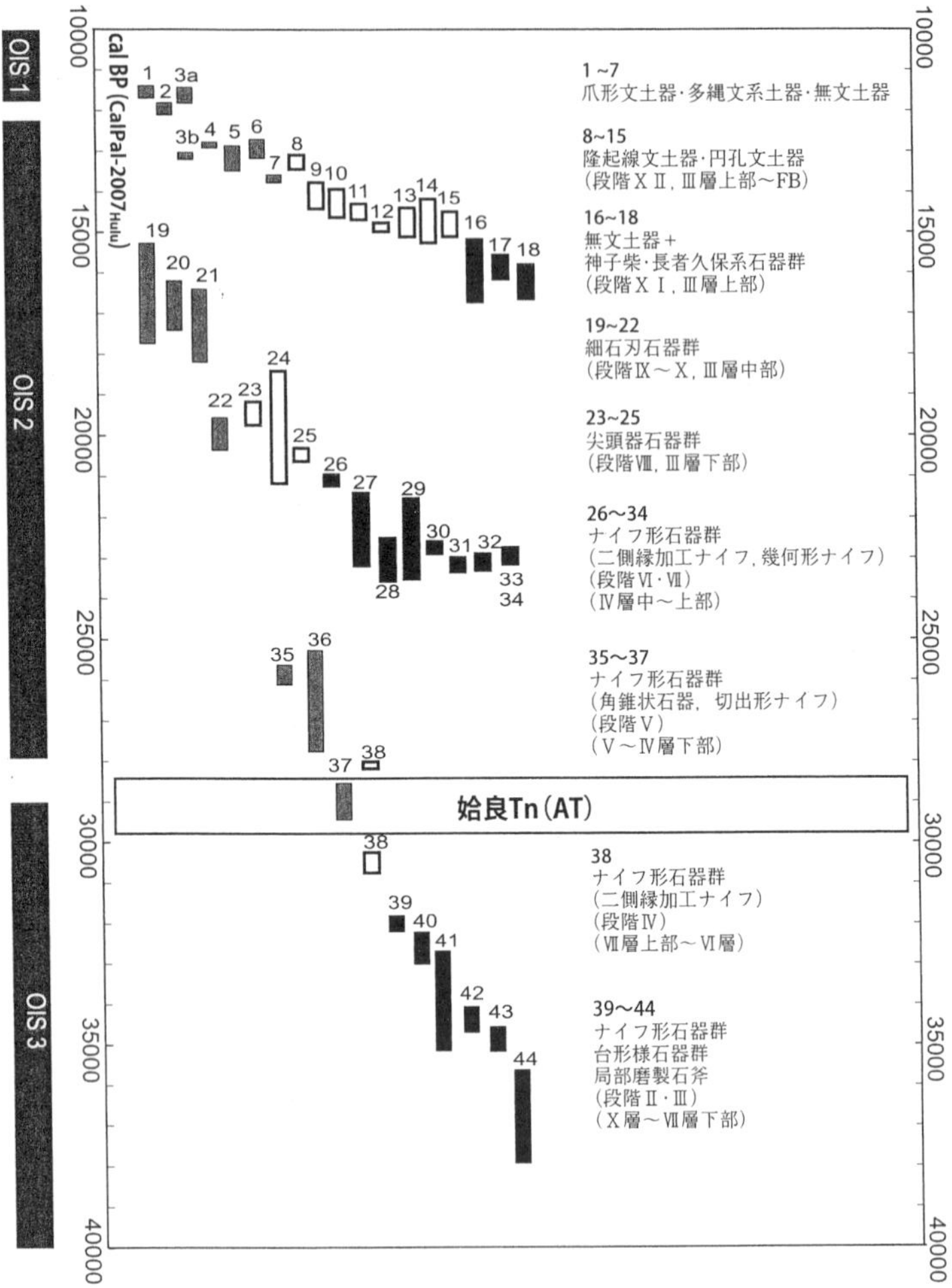

木　16：大平山元Ⅰ　17：宮ヶ瀬北原　18：御殿山　19：宮ノ前　20：荒屋　21：休場　22：吉岡Ｂ　23：下茂内　24：宮ヶ瀬サザランケ　25：用田南原　26：田名向原　27：福田丙ニノ区（第Ⅰ文化層）　28：福田丙ニノ区第２文化層　29：用田鳥居前　30：宮ヶ瀬中原　31：宮ヶ瀬上原　32：北新宿２丁目　33：向原Ａ　34：向原Ｂ　35：吉岡Ｂ（Ｂ２）　36：用田大河内　37：武蔵台西地区（第Ⅳ文化層）（Va）　38：吉岡Ｂ（Ｂ３）　39：武蔵台西地区Ⅱ文化層（XIIa-IXa）　40：日向林Ｂ（Va）　41：日向林Ｂ（Vb）　42：武蔵台西地区（第Ⅰ文化層）（IX-X）　43：駒場東大キャンパス内　44：貫ノ木

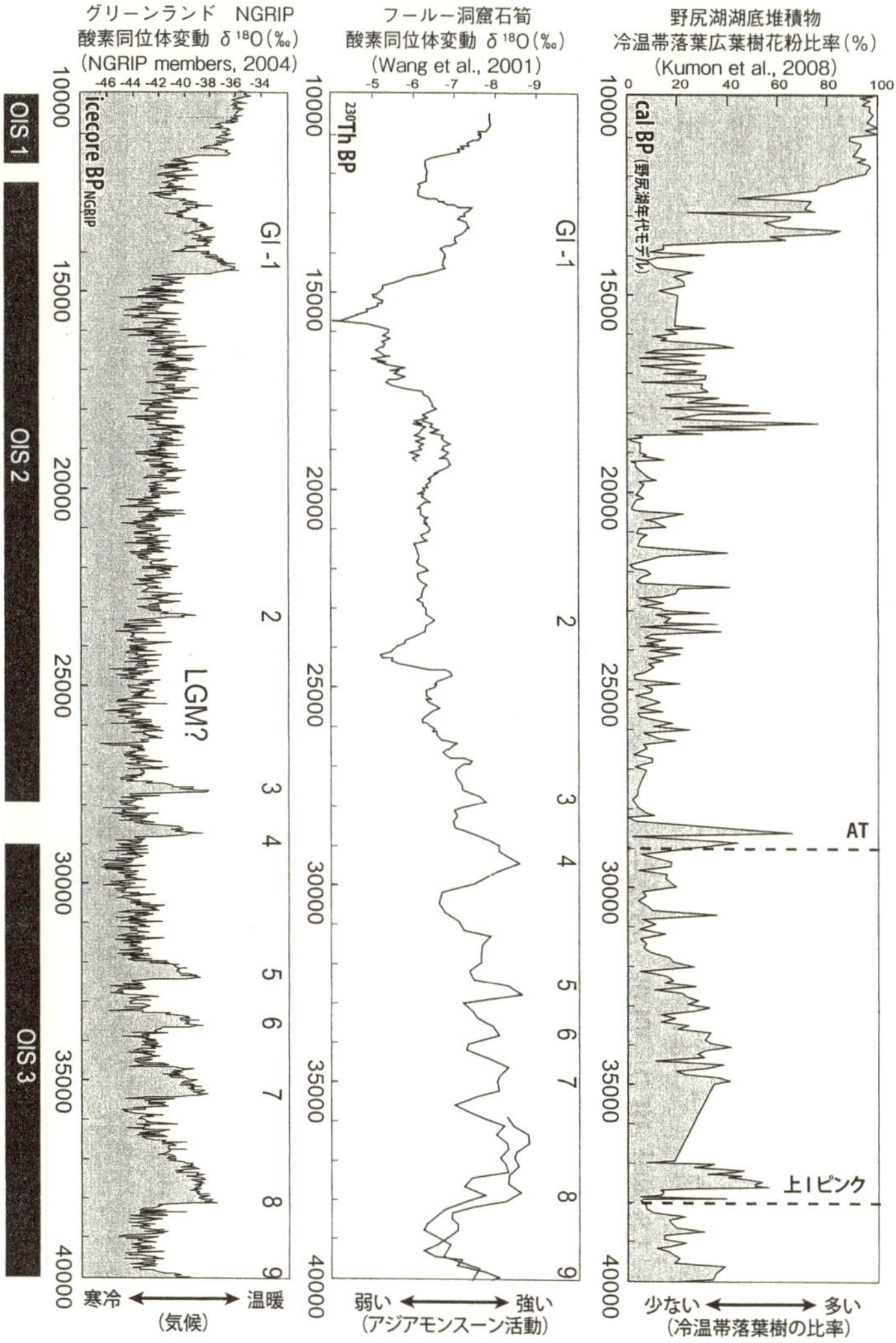

図50　4万年前から1万年前の環境史と考古編年との時間的対応関係（工藤2011）

各遺跡の較正年代は、CalPal-2007Huluによって算出したもの

1：櫛引　2：滝端　3：西鹿田中島（3a：多縄文、3b：爪形文）　4：葛原沢Ⅳ　5：卯ノ木南　6：薬師寺稲荷台　7：野沢　8：慶應SFC　9：仲町（隆起線文・円孔文）　10：星光山荘B　11：万福寺　12：月見野上野2　13：久保寺南　14：中島B　15：貫ノ

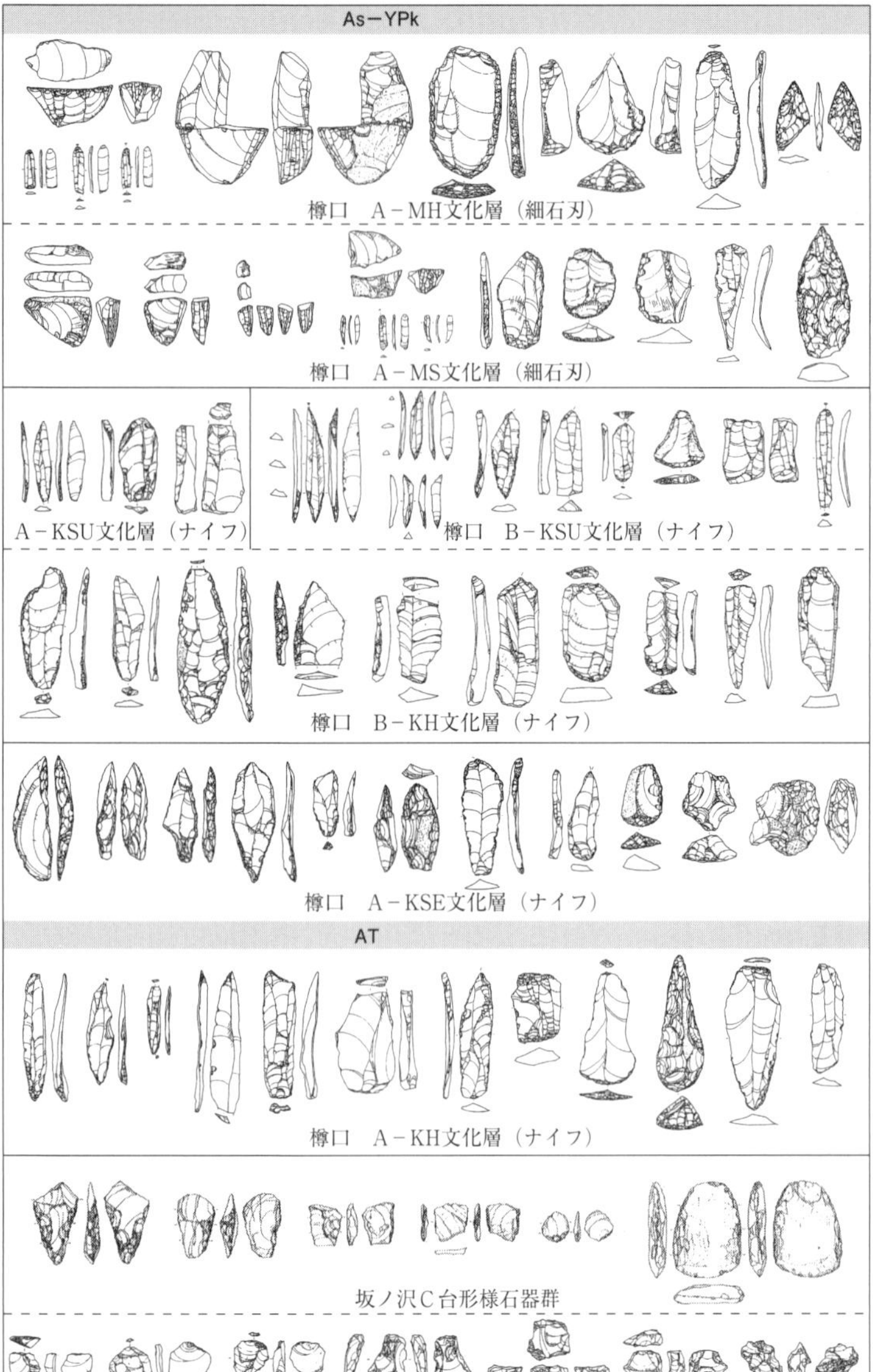

図51　新潟県北における後期旧石器時代石器群の変遷(朝日村教育委員会1996、鈴木1999を元に作成)

ナイフはこの石刃の一部の鋭い縁辺を刃部として残し、それ以外を急角度の加工によって「刃つぶし」した石器である。尖頭器は石刃や剝片に平坦な剝離による加工を施し、槍先形に形を整えた石器である。ナイフ、尖頭器、細石刃の変遷は主要な狩猟具すなわち「槍」の変遷と考えられる。

細石刃石器群は北方系のほか、矢出川遺跡に代表される稜柱形や円錐形の細石刃核を指標とする石器群が関東・中部以南に広く分布することは第Ⅰ章で述べたとおりである。両者の関係は、総体的に後者が前者よりも古く、分布域だけでなく時間軸上の位置づけも異なる。

旧石器時代の生業は狩猟が中心であり、狩猟対象獣の移動や狩猟・採集ポイントの季節的な変化に応じて一年の間に住居を点々と移動するものであった。このような季節的な移動は遊動とよばれている。住居もこうした居住様式に適応した簡易な構造のテントのようなもので、同時に生活する集団は二、三家族程度の小規模なものであったと考えられている。

(三)　後期旧石器時代から縄文時代へ

細石刃石器群に後続する後期旧石器時代終末期から縄文時代初頭の人類文化は、神子柴・長者久保石器群（以下、「神子柴石器群」とよぶ）である。神子柴石器群は大型の尖頭器と石斧を特徴とする。そして、石刃技術をもち石刃を加工した彫掻器、削器などの道具類がともなう。もうひとつの特徴は、土器をともなう遺跡が少なからず確認されていることである。土器の多くは無文である。

大型尖頭器や石斧は神子柴石器群以前に存在しないため、ユーラシア大陸を起源とする北方系の石器群と考える研究者が多い。しかし、おもな分布域は東北、関東、中部地方であり、北方起源であれば当然主要な分布域となるはずの北海道でその存在が明確でない。近年は、大陸起源ではなく、日本列島で自生したと考える見解も示されるようになった。

神子柴石器群に後続する文化は隆線文土器を特徴とする。隆線文土器とは器面に細い粘土紐をはりつけるなどして文様をえがく土器で、櫛歯状の工具で土器の表面をなでて文様を描く場合もある。石斧など神子柴石器群の要素が引き継がれるため、神子柴石器群から連続する文化と考えられている。また、有舌尖頭器や石鏃などの新しい要素が認められる。とくに、石鏃はその後縄文時代の主要な狩猟具でありつづける石器である。

神子柴石器群を旧石器時代、縄文時代のどちらに帰属させるかは議論が分かれている。縄文時代とする根拠は土器の存在である。旧石器時代とする根拠は、尖頭器や石刃技術など旧石器時代的な様相の存在であり、土器については後続する文化にくらべるときわめて少量であることとされている。そして、神子柴石器群にともなう土器の年代は約一万六〇〇〇年前とされており、氷期に位置づけられる。筆者は、土器の存在を重視し、暫定的ながら縄文時代草創期としておきたい。

(四) 氷期から温暖期への環境変化

旧石器時代は今よりも寒冷な氷期と温暖な間氷期を繰り返し、後期旧石器時代は最後の氷期にあたる。最終氷期の最寒冷期は約二万五〇〇〇年前頃で、現在よりも年平均気温が約八度低かったと推定されている。こうした最終氷期の気候変動は、ヨーロッパにおける花粉分析の結果やグリーンランド氷床コアなどの分析からあきらかにされてきた。

日本列島では、福澤仁之らの「日本列島における更新世後期以降の気候変動のトリガーはなにか?—チベット高原とWest Pacific Warm Pool の役割—」（『第四紀研究』第四二巻第三号、二〇〇三年）における福井県水月湖、鳥取県東郷池の年縞堆積物、公文富士夫らの「野尻湖湖底堆積物中の有機炭素・全窒素含有率および花粉分析に基づく約二五〇〇〇～六〇〇〇〇年前の気候変動」（『第四紀研究』第四二巻第一号、二〇〇三年）における長野県野尻湖湖底堆積物の分析などで、後期旧石器時代の気候変動が示された。

年縞堆積物とは、堆積層構成物に起因した色調の変化によって年単位の堆積の繰り返しが認識できる堆積物で、湖底堆積層などにみられるものである。この年単位の繰り返しをカウントし、年代測定値と照合することで、堆積物の年代を知ることができる。一方、こうした湖底堆積物における特定の鉱物などの含有量、堆積層の化学組成や花粉などは当時の水温・気温や大気の状態、植生などを反映すると考えられている。そこで、年代の判明した年縞堆積物のデータの変化から、過去の気候変動を知ることができるのである。

それによると、約三万年以前は全体として気温がやや低く、かつ激しい変動を繰り返している。そして、三万年前以降寒冷化が進行し、約二万五〇〇〇年前頃に気温低下がピークに達し、その後、寒冷期がつづいた。この最終氷期の気温低下のピークを最終氷期最寒冷期、それにつづく寒冷期を晩氷期とよぶ。そして、一万八〇〇〇年前頃に温暖化がはじまり、それから一万四〇〇〇年前頃まで気温は激しく変動し、寒暖を繰り返した。そして、一万四〇〇〇年前頃に急激な温暖化が進行して完新世に移行していった。日本海側の多雪化が進んだのもこの頃と考えられている。完新世

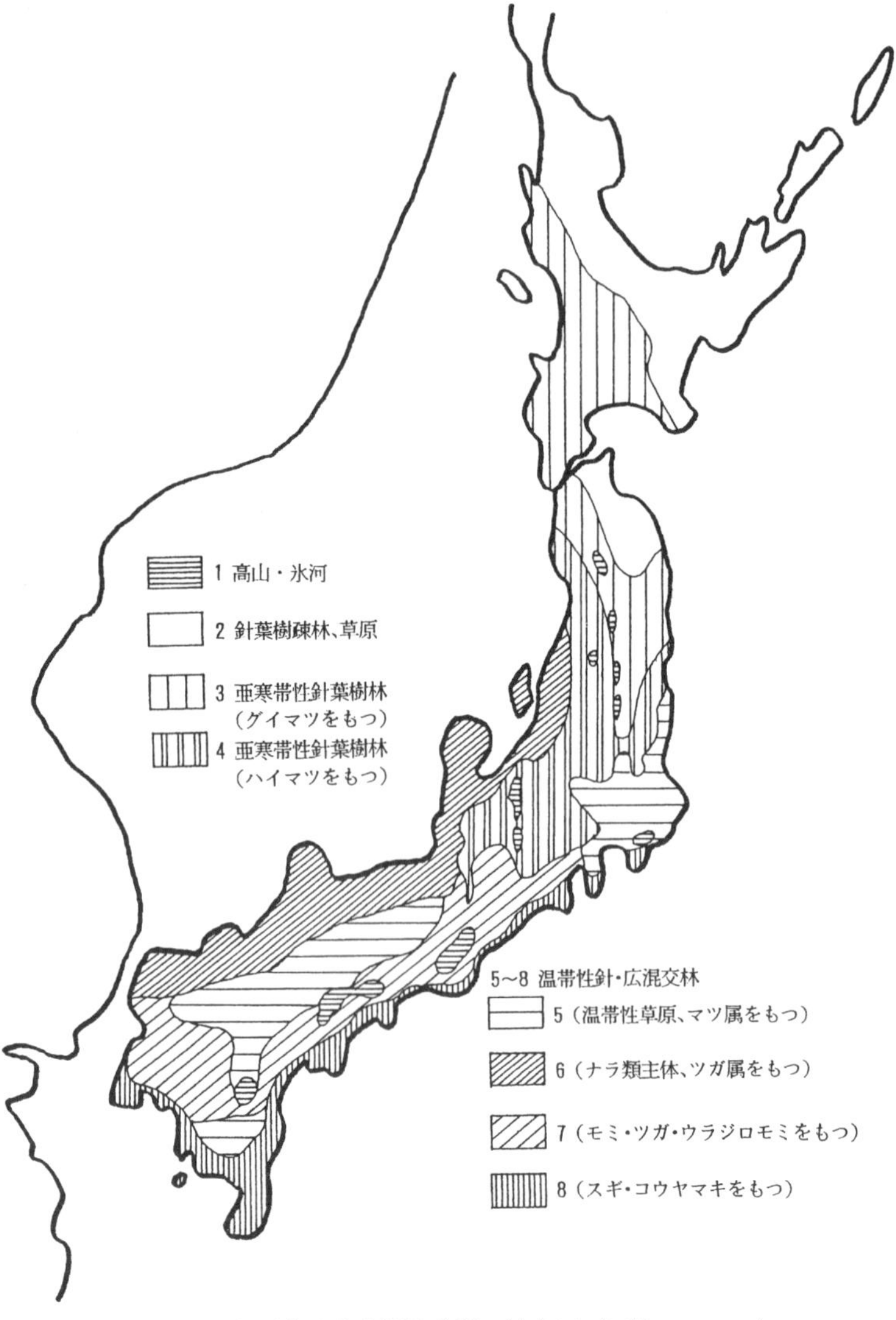

図52　日本列島最終氷期最盛期の植生図（岡村ほか1998）

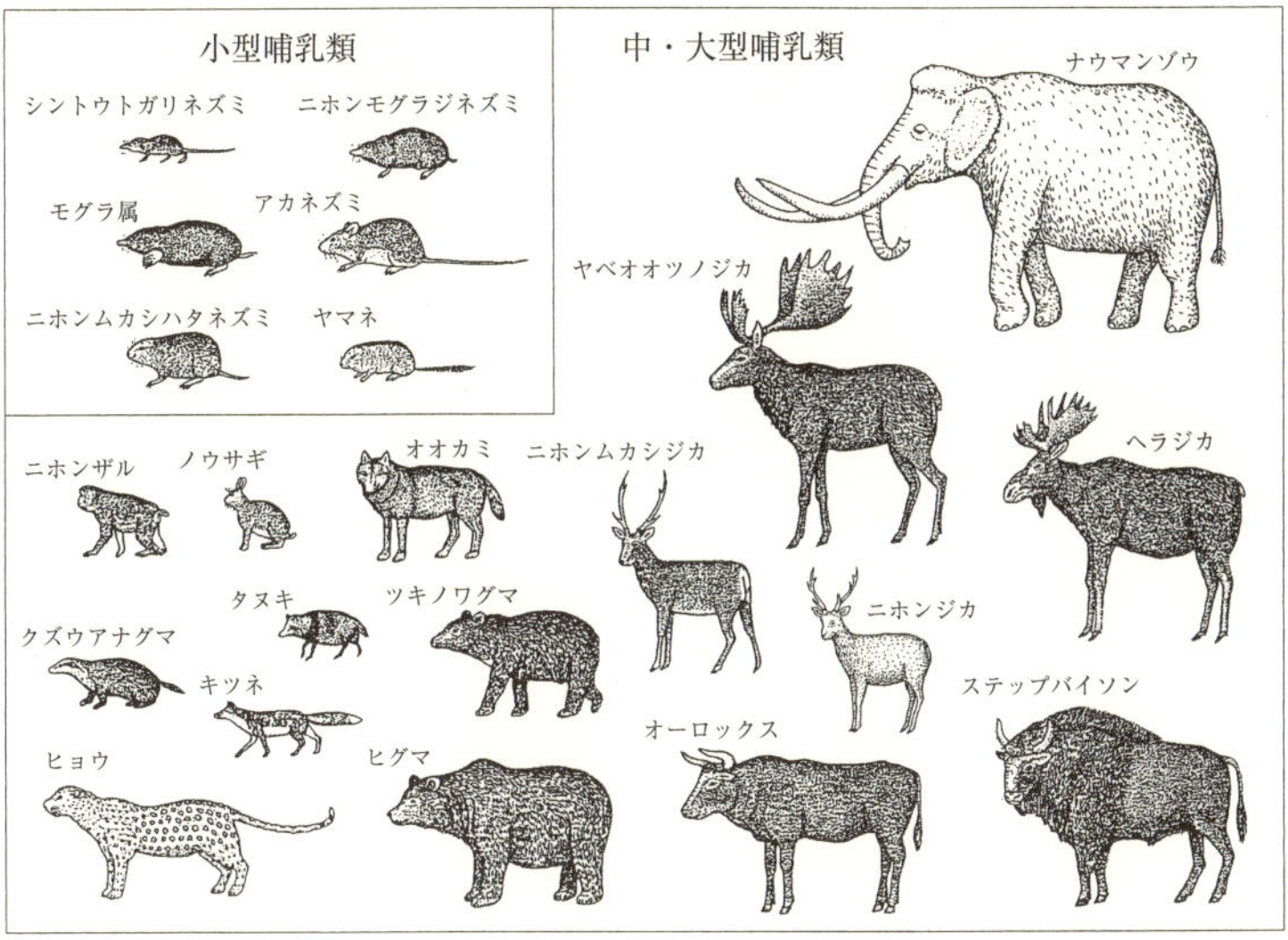

図53　後期更新世後期の本州・四国・九州の代表的な哺乳類（河村2011）

の開始年代は約一万二〇〇〇年前頃とされている。

こうした気候変動は、植生にどのような影響を与えたのだろうか。野尻湖湖底堆積物の花粉データによると、最終氷期以降の寒冷期はトウヒ属、モミ属、ツガ属などの亜寒帯針葉樹を主体とする花粉組成を示す。その後、暦年較正年代の一万八〇〇〇年前頃にコナラ亜科、ブナ属、カバノキ属などを主体とする落葉広葉樹林の拡大が認められる。これ以降、一万二〇〇〇年前頃まで亜寒帯針葉樹と落葉広葉樹の比率が変動する。気候変動と植生が連動していたことがうかがえる結果である。野尻湖よりも標高が低い新潟県域では、最寒冷期においても針葉樹林ではなく針葉樹と広葉樹が混在していたと考えられている。

この頃の本州島の動物相は、ナウマンゾウ、ヤベノオオツノシカ、ニホンムカシジカ、ニホンジカなど後期旧石器時代以前から継続する種が主体である。これに、最終氷期最寒冷期にユーラシア大陸から北海道島を経て渡来したと考えられる、ヘラジカ、オーロックス、ステップバイソンなどのマンモス動物群の要素が加わっている。しかし、このマンモス動物群の要素にはマンモスゾウ、ケサイなど一部の要素がまったくみられないことから、その渡来は限定的であったと考えられる。ウマ類もいなかったようだ（河村善也「更新世の哺乳類」『講座日本の考古学　1旧石器時代（上）』、二〇一一年）。

更新世末から完新世にかけて、哺乳類が絶滅する現象が汎世界的に起こった。日本列島もその例外ではなく、本州島ではヒグマ、ヒョウ、ナウマンゾウ、ヤベノオオツノシカ、ニホンムカシシカ、ヘラジカ、オーロックス、ステップバイソンなどの中・大型哺乳類などが絶滅した。その要因として氷期から温暖期への環境変化や人類の狩猟活動などが想定されるが、絶滅の原因やプロセスはよくわかっていない。

（五）環境の変化と人類遺跡

工藤雄一郎は、「本州島東半部における更新世終末期の考古学的編年と環境史との時間的対応関係」（『第四紀研究』四四―一、二〇〇五年）において、ナイフ形石器群後半から縄文時代早期初頭までの年代測定値と前述の水月湖や東郷池の年縞堆積物から推定された気候変動との対応関係を示した。

それによると、ナイフ形石器群後半は暦年代較正値で二万三〇〇〇年代後半から二万年前、尖頭器石器群は二万一〇〇〇から一万九〇〇〇年前に位置づけられるという。これらは最寒冷期直後の依然として寒冷な気候が継続していた時期に相当する。細石刃石器群は、暦年代較正値で一万八〇〇〇～一万五〇〇〇年前に位置づけられたが、南関東の神奈川県吉岡遺跡B地点では、約二万年前と非常に古い年代が得られている。荒屋遺跡は、一万六〇〇〇年代後半から一万七〇〇〇年代前半とされた。このころは依然として最寒冷期以降継続した寒冷期ではあるが、徐々に気候が温暖化した時期にあたり、気候や植生においてもそれ以前とは若干異なる可能性があるという。

土器出現以降の年代は、神子柴石器群と無紋土器が出土した青森県大平山元I遺跡、神奈川県宮ヶ瀬遺跡群北原遺跡の放射性炭素年代測定から、一万七〇〇〇～一万五〇〇〇年前という暦年代値が想定されている。細石刃石器群と少なからず重複している点に注目したい。両者の関係については、後でくわしく触れることにしよう。

隆線文土器を出土する遺跡は、較正年代で一万六〇〇〇～一万三〇〇〇年前に位置づけられ、とくに一万五〇〇〇～一万四〇〇〇年前に暦年代較正値が集中するという。隆線文土器は温暖化が急速に進行した時期とみられるが、神子柴石器群と無紋土器はそれに先行するようである。土器出現が温暖化を背景とするかどうかは、今しばらく議論を重ねる必要がありそうだ。

2　遺跡のなかで

(一)　荒屋遺跡の遺構・遺物からみた人類活動

荒屋遺跡では多数の遺構が確認され、多量の石器が出土した。とくに、火を使用したと考えられる大型土坑、豊富な彫刻刀関係資料が注目される。それでは、こうした遺構、遺物から荒屋遺跡ではどのような人間の活動があったと推定されるのだろうか。

荒屋遺跡で確認された二四基もの遺構で中心となるのは、竪穴住居状遺構と、焼け面のある大型土坑の土坑6、14である。これらは半埋没の自然流路の肩部を整形して火を焚いたもので、複数の焼け面が確認されたことから、火の使用が繰り返されたと考えられることは第Ⅲ章で述べたとおりである。竪穴住居状遺構も建物跡ではなく同種の遺構であろう。したがって、焼土坑は屋外の作業場とみなすのが妥当である。第二・三次発掘調査範囲は窪地を利用して火を使用した作業場であり、居住域はその周囲にあったと考えられる。

遺物では、彫刻刀とその削片の出土点数が圧倒的で、彫刻刀を使用した作業量の多さがうかがえる。使用痕分析の結果、彫刻刀はおもに骨・角の加工と皮の加工に使用されたと推定された。また、細石刃の出土量の多さにも注目したい。細石刃は植刃器の刃部であったことから、その付け替えが頻繁に行われたものと考えられる。火を使用した目的の一つは、細石刃付け替えのため膠着材を柔らかくすることだったのかもしれない。

このように、荒屋遺跡が形成された要因は、火と彫刻刀、植刃器を使用した作業であり、その作業を必要とした生業活動だったと考えられる。その生業活動とはいったい何だったのだろうか、次節で考えてみよう。

(二) 狩猟か漁撈か

荒屋遺跡における活動とその背景となった生業については、狩猟活動と河川漁撈とが想定されている。荒屋遺跡の報告書を中心となって執筆した鹿又喜隆は、使用痕分析の結果を根拠として狩猟活動を遺跡形成の背景となる生業とした。具体的にはシカを主要な狩猟対象獣と推定している（鹿又喜隆「荒屋型彫刻刀の機能―荒屋遺跡第2・3

次発掘調査出土資料の分析を通して」『シンポジウム日本の細石刃文化Ⅱ』、二〇〇三年)。

荒屋遺跡にかぎらず、北方系細石刃石器群を残した集団の生業として狩猟を想定する研究者は少なくない。シベリアなど大陸側の細石刃石器群の遺跡で出土する動物遺存体は、ヘラジカ・トナカイなどが中心で、魚骨の出土例はそれほど多くないことが、その根拠とされている。

一方、河川漁撈を想定する研究者は河川に面した遺跡立地やサケ・マスが遡上する河川と北方系細石刃石器群の分布上の一致、すなわち珪質頁岩を主要石材とする北方系細石刃石器群の遺跡のおもな分布域が、関東を流れていた古利根川以東・以北であることを主要な根拠とする。狩猟説が石器の使用痕分析の結果や大陸における動物遺存体など、実際に遺跡で得られたデータを根拠とするのに対し、河川漁撈説は遺跡の立地や巨視的な遺跡分布という間接的な根拠にもとづいている印象は否めない。

しかし、話はそう単純ではない。たしかに、彫刻刀の使用痕分析では、骨・角や皮など動物起源の素材の加工を中心とした結果が得られている。しかし、骨・角の加工についていえば、漁撈のための道具――たとえば銛や植刃器の柄の集中的な製作、という解釈も可能である（提隆「荒屋型彫刻刀石器の機能推定―埼玉県白草遺跡の石器使用痕分析から―」『旧石器考古学』第54号、一九九七年)。また、サケ・マスの骨は動物骨にくらべて小さく脆いため、ふるいやフローテーションによって焼けた骨を探さないかぎり、遺跡で発見される可能性は非常に低い。サケ・マスの遺存体の不在については、調査におけるサンプリングの方法やタフォノミー（遺物の形成過程）の視点からの検証が必要であろう。

また、日本列島の後期旧石器時代において、特定の動物を狩猟対象とした集中的狩猟が存在したかどうかは定かでない。少なくとも、本州島において細石刃石器群に先行するナイフ形石器群にそうした兆候は認められない。さらに、本州島への細石刃石器群の拡散は、マンモス動物群の移動よりもずいぶん後のことと考えられる。したがって、その要因として動物の移動を想定することはできない。

こうしてみると、北方系細石刃石器群を残した集団の主要な生業が河川漁撈であった可能性もあながち否定できないのではないだろうか。次節では、信濃川、魚野川における河川漁撈について、おもに近世・近代の史料から紹介し、荒屋遺跡において河川漁撈が行われた可能性を探ってみよう。

(三) 信濃川、魚野川における河川漁撈

越後におけるサケ漁はすでに古代にその記録がある。平安時代中期に成立した『延喜式』には、「鮭内子《こもり》」(子持ちサケ)、「氷頭《ひず》」(サケ頭頂部の軟骨)などの加工されたサケが越後から貢納されたことが記されている。

信濃川中流域、魚野川における河川漁撈において、最も重要な対象魚はサケ・マスであった。近世以降の魚野川のサケ漁は、川が大きかったため大規模な漁法が採用され、住民の需要のためというよりは商い目的の漁が中心であった。しかし、専従の漁業者ではなく、農業従事者の農閑期の仕事であった。漁法はサケ・マスに共通しており、鈎などで引っかける漁法や網、タモ、梁などが使用された。ヤスで突く漁法は旧石器時代の道具でも十分可能だったと思われる。また、障害物に出合ったサケは岸や河原に身を乗り上げて川縁を走

る習性があるが、この習性を利用して陸上を走る鮭の頭を敲いて捕獲する、「スバシリ」とよばれる漁法もあった（鈴木牧之『北越雪譜』）。これも、旧石器時代の技術・道具で可能な漁法だろう。

図54　『北越雪譜』にみるスバシリのようす

漁獲量はどのくらいあったのだろうか。『川口町史』（一九八七年）によると、安政四（一八五七）年の川口村庄屋宗治郎による高田川浦御役所への漁獲高の報告があり、一〇カ年の平均で年二〇〇〇本のサケが獲れたとされている。農閑期の副業としてはかなりの量であり、近世・近代の信濃川・魚野川水系の沿岸住民にとって川漁がきわめて重要な生業であったと想像される。

荒屋遺跡が営まれた当時、遺跡が面した信濃川と魚野川の合流部には、サケの産卵に適した河原が今以上に広がっていた。こうした遺跡の立地と川漁の記録を考え合わせると、サケ・マス漁を遺跡の形成要因とする仮説はやはり魅力的である。

ただし、こうした近世・近代の川漁関連史料を先史時代に直接適用できるわけではない。また、後期旧石器時代の日本海は半内海といえる状況で、現在とは環境が大きく異なっており、当時サケは日本列島の日本海側に遡上しなかったのではないかとの批判も生じよう。筆者自身は、半内海状態とはいえ、日本海は十分な広さがあり、一定量のサケの生育は可能であったのではないかと考えているが、この点については、サケの生態や遺伝子情報の研究成果にもとづいた検証が必要であろう。

現時点で荒屋遺跡における生業活動を特定することはむずかしい。北方系細石刃石器群の生業についても同様であり、動物遺存体の出土をほとんど期待できない日本列島の旧石器時代研究の限界といえるかもしれない。しかし、焼土の水洗選別では微細な動物遺存体が検出される可能性がある。今後、そうした視点と方法をこれまで以上に旧石器時代遺跡の調査に導入する必要がある。

3 地域のなかで

（一） 荒屋遺跡と地域の遺跡

ここであつかう地域とは、荒屋遺跡の所在する新潟県域を中心に、現在の福島県、茨城県、栃木県、群馬県の北関東、それに埼玉県、千葉県域のうち当時の利根川の流路（「古利根川」とよばれている）以北・東の地域および長野県北部の野尻湖周辺をくわえた範囲である（以下、この地域を一括して呼称するときは「南東北・東関東」とする）。この範囲は東北日本を中心に産出する珪質頁岩を主要な石材とした北方系細石刃石器群の分布域に相当する。

新潟県内には荒屋遺跡のほか中土遺跡、月岡遺跡、正面中島遺跡、大刈野遺跡など、珪質頁岩を主要石材とし、札滑型細石刃核を指標とする石器群（以下、札滑石器群とよぶ）を出土する遺跡と、樽口遺跡、上原E遺跡など黒曜石製の白滝型細石刃核を指標とする石器群（以下、白滝石器群とよぶ）を出土する遺跡がある。福島県域では笹山原No.27遺跡が注目される。北関東では、茨城県の額田大宮遺跡、後野遺跡、柏原遺跡、群馬県の八ヶ入遺跡、大雄院遺跡、頭無遺跡、鳥取福蔵寺II遺跡、馬見岡遺跡、箱田遺跡群上原遺跡などが主要な遺跡である。その他には埼玉県白草遺跡、千葉県の木戸場遺跡、東峰御幸畑西遺跡、キサキ遺跡4地点、大網山田台No.8遺跡などがある。これらはいずれも札滑石器群の遺跡である。栃木県域、長野県北部では断片的な史料しか得られていない。

表3はこの地域の主要な遺跡の器種組成を示したものである。出土石器の総数では荒屋遺跡が突出した存在であることがわかる。これに次ぐ規模なのが福島県笹山原No.27遺跡である。表面採集資料であることを考慮すると、本来はもっと多くの遺物があったと思われるが、それでも荒屋遺跡には及ばない。珪質頁岩製の石器類のほか、在地産の白色珪質凝灰質頁岩製の細石刃関連資料が多数出土している点が注目される。その他では、新潟県樽口遺跡、埼玉県白草遺跡、群馬県八ヶ入遺跡で一〇〇〇点を超える資料が出土した。これに次ぐのが後野遺跡、大雄院前遺跡、頭無遺跡、鳥取福蔵寺II遺跡、馬見岡遺跡、月岡遺跡などで、数百点規模の遺物が出土している。千葉県域は最大でも東峰御幸畑遺跡の二二〇点と規模の小さい遺跡が多い。

道具類の多様性や点数においても、荒屋遺跡は突出した存在であり、北方系細石刃石器群が保有するすべての器種が多数出土している。笹山原No.27遺跡が続く状況は変わらず、細石刃一一六点、

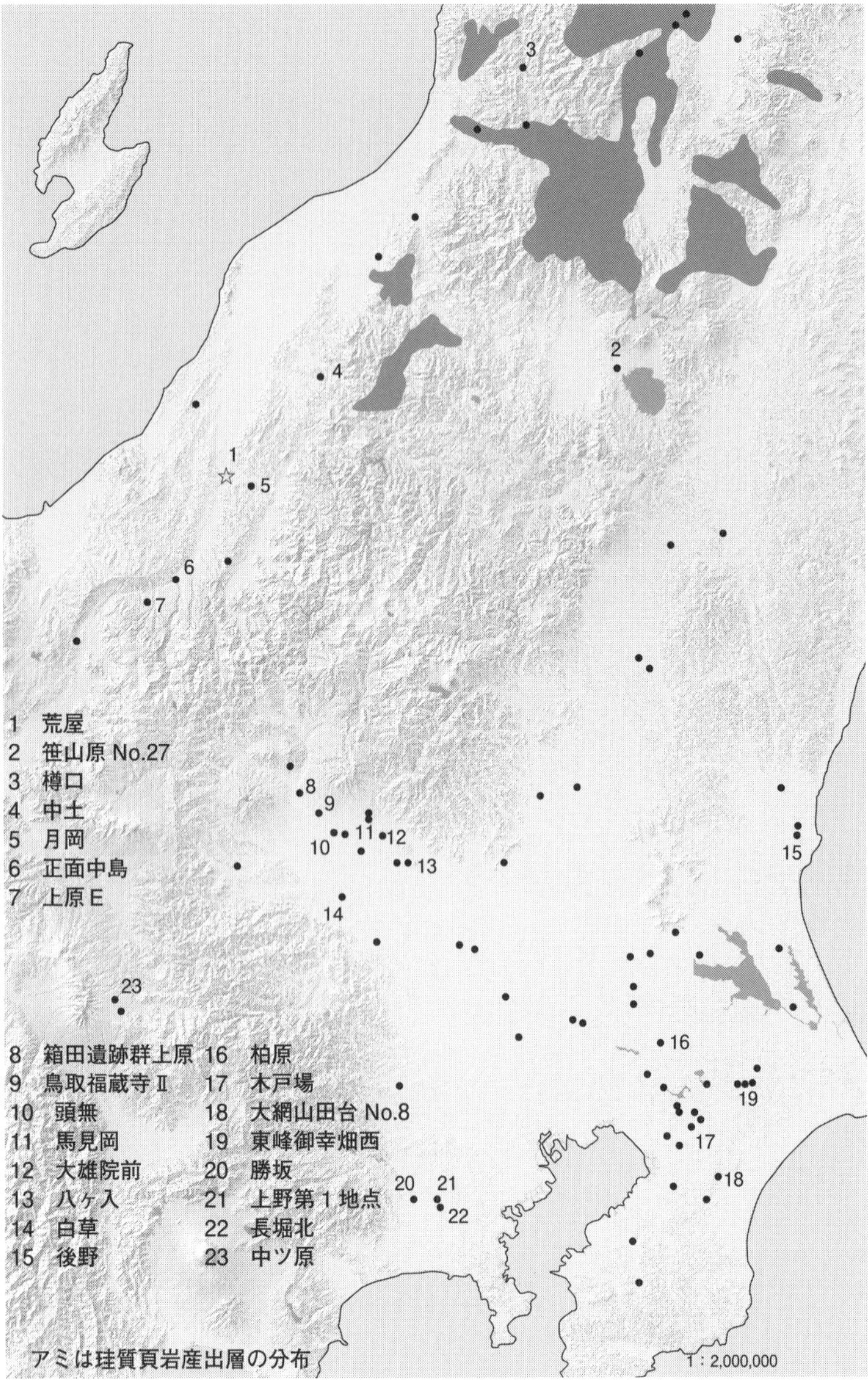

1	荒屋
2	笹山原 No.27
3	樽口
4	中土
5	月岡
6	正面中島
7	上原E

8	箱田遺跡群上原	16	柏原
9	鳥取福蔵寺Ⅱ	17	木戸場
10	頭無	18	大網山田台 No.8
11	馬見岡	19	東峰御幸畑西
12	大雄院前	20	勝坂
13	八ヶ入	21	上野第1地点
14	白草	22	長堀北
15	後野	23	中ツ原

アミは珪質頁岩産出層の分布　　　　　　1：2,000,000

図55　東北南部・中部北東部・関東の北方系細石刃石器群関連遺跡

表3　南東北・中部北部・関東の北方系細石刃石器群の石器組成

No.	遺跡名	総数	細石刃	細石刃核	細石核母型	細石核削片	彫刻刀	彫刻刀削片	掻器	削器	錐器	礫器	尖頭器	その他道具類	石核・剥片類	敲石・礫等
1	荒屋	95450	6343	63	12	33	1095	9566	21	5	27	12	1	475	77797	
			6.6	0.1	0.0	0.0	1.1	10.0	0.0	0.0	0.0	0.0		0.5	81.5	
2	樽口 A-MS	5484	1220	16	13	102	1		20	24			8		4080	
			22.2	0.3	0.2	1.9	0.0		0.4	0.4			0.0		74.4	
3	月岡	355	92	5		9	14		3	10					222	
			25.9	1.4		2.5	3.9		0.8	2.8					62.5	
4	中土	79	22	3	1				10	5	2	1		4	31	
			27.8	3.8	1.3				12.7	6.3	2.5	1.3		5.1	39.2	
5	正面中島	156	19		1	2	11	27	11	15		1		15	54	
			12.2		0.6	1.3	7.1	17.3	7.1	9.6		0.6		9.6	34.6	
6	笹山原 No.27	9700	116	9	13	49	148	54	61	21	2			21	多量	
		以上	23.5	1.8	2.6	9.9	30.0	10.9	12.3	4.3	0.4			4.3	－	
7	八ヶ入	1665	366	1		10	26	124	4	4		1			1112	17
			22.0	0.1		0.6	1.6	7.4	0.2	0.2		0.1			66.8	1.0
8	鳥取福蔵寺 II	461	187	6		5	14	24	2	18		13		12	179	1
			40.6	1.3		1.1	3.0	5.2	0.4	3.9		2.8		2.6	38.8	0.2
9	馬見岡	471	72	2		2			1	1					393	
			15.3	0.4		0.4			0.2	0.2					83.4	
10	大雄院前	698	74	1			4			1				1	604	13
			10.6	0.1			0.6			0.1				0.1	86.5	1.9
11	箱田遺跡群上原	183	53		1	2	2	5	2	1				6	111	
			29.0		0.5	1.1	1.1	2.7	1.1	0.5				3.3	60.7	
12	白草	4414		478	1	6	21	225	2	2		1		117	3561	
				10.8	0.0	0.1	0.5	5.1	0.0	0.0		0.0		2.7	80.7	
13	後野B	748	167	5			8	18		4		2			544	
			22.3	0.7			1.1	2.4		0.5		0.3			72.7	
14	柏原	241	104	2			2		1	1					123	8
			43.2	0.8			0.8		0.4	0.4					51.0	3.3
15	大網山田台 No.8	175	34	2	1		9	1	7	9		1		22	89	
			19.4	1.1	0.6		5.1	0.6	4.0	5.1		0.6		12.6	50.9	
16	木戸場	102	3	2			9	3	7	11				8	53	6
			2.9	2.0			8.8	2.9	6.9	10.8				7.8	52.0	5.9
17	東峰御幸畑西	220	14	4	2	3	10	11	9	7				39	119	2
			6.4	1.8	0.9	1.4	4.5	5.0	4.1	3.2				17.7	54.1	0.9

※各遺跡の上の行は遺物の実数、下の行は遺物に占める割合。

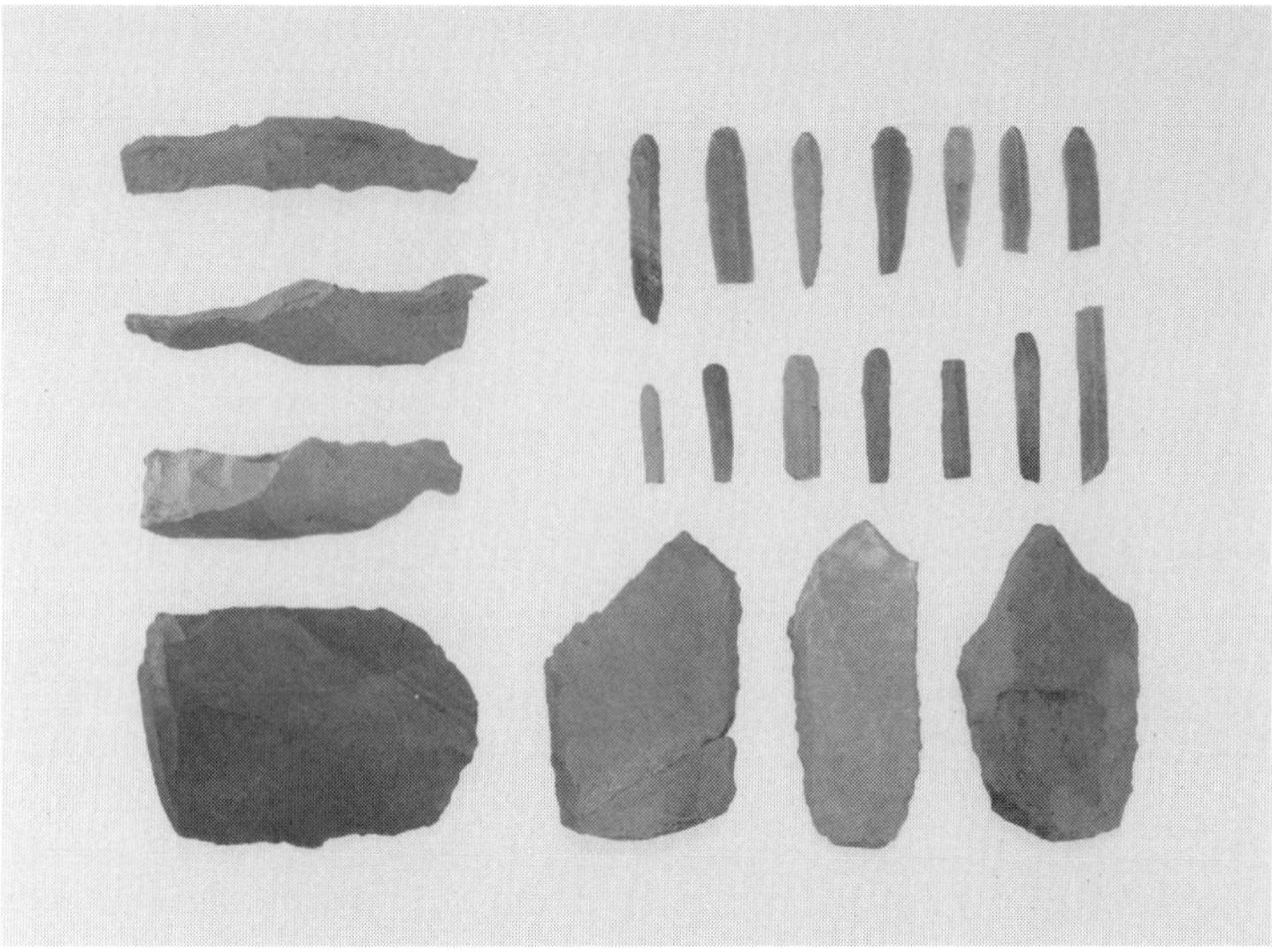

（月岡遺跡）

（中土遺跡）

図56　新潟県域の細石刃石器群（1）（長岡市立科学博物館2011より）

（樽口遺跡）

（上原Ｅ遺跡）

図57　新潟県域の細石刃石器群（２）（長岡市立科学博物館2011より）

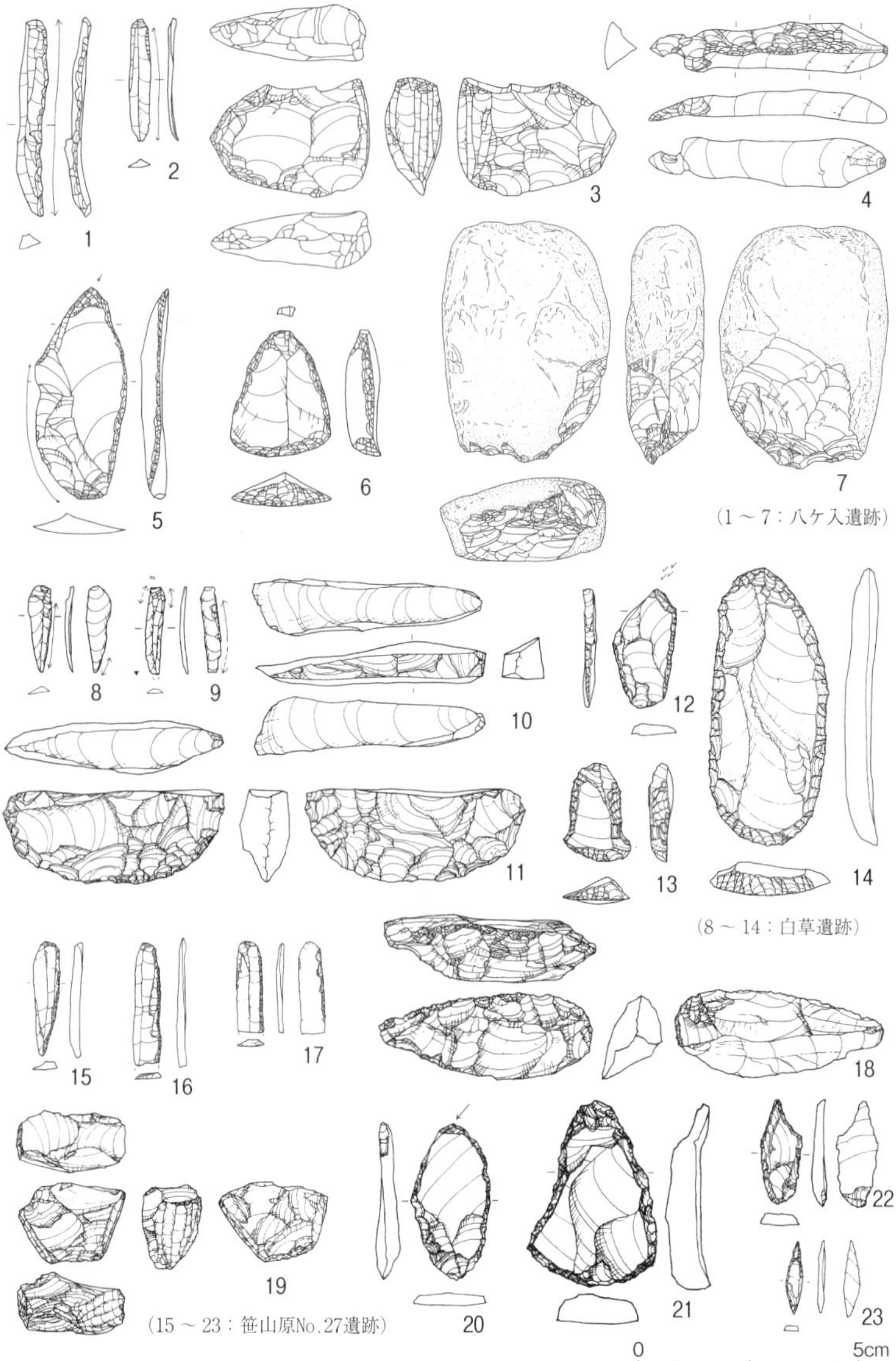

図58　東北南部・中部北東部・関東の北方系細石刃石器群関連遺跡

彫刻刀一四八点、掻器六一点、削器二一点、錐器四点が採集されている。総数一〇〇〇点を超える遺跡でも、樽口遺跡A―MSでは細石刃一二二〇点、掻器一九点、削器二五点、彫刻刀一点、尖頭器八点など、八ヶ入遺跡では細石刃三六六点、彫刻刀二六点、掻器四点、削器四点、礫器一点の三五点、白草遺跡では細石刃四七八点、彫刻刀二一点、掻器二点、削器二点など二六点など複数の種類の道具類が一定量出土した。

数百点規模の後野B遺跡では細石刃一六七点、彫刻刀八点、削器四点、礫器一点、大雄院前遺跡では細石刃七六点、彫刻刀四点、削器一点など、馬見岡遺跡では細石刃七二点、掻器と削器各一点、鳥取福蔵寺Ⅱ遺跡では細石刃一八七点、彫刻刀一四点、掻器二点、削器一八点、礫器一三点、頭無遺跡では細石刃一二一点、彫刻刀九点、掻器一点、削器一〇点、月岡遺跡では細石刃九二点、彫刻刀一八点、掻器五点、削器一〇点などが出土した。

千葉県域の遺跡は出土総数が少ない反面、道具類の比率が五〇%近くと高い。東峰御幸畑西遺跡では細石刃一四点、彫刻刀一〇点、掻器九点、削器七点など、木戸場遺跡では細石刃三点、彫刻刀九点、掻器七点、削器一一点など、大網山田台№8では細石刃三四点、彫刻刀九点、掻器七点、削器九点などとなっており、北関東の数百点規模の遺跡とくらべても、細石刃の点数は少ないが、その他の道具類は器種の多様さ、出土点数とも遜色がない。

一方、剥片類の存在は遺物の出土点数と強く相関し、遺跡における石器製作の程度を反映すると考えられる。荒屋遺跡、白草遺跡、大雄院前遺跡、馬見岡遺跡で八〇%を超えており、樽口遺跡、八ヶ入遺跡でも七〇%前後となっている。逆に千葉県域の遺跡はいずれも五〇％台前半であり、道具類の比率が高く、剝片類の比率が低い。それ以上に剝片類の比率が低いのが、中土遺跡、正面中島遺跡、鳥取福蔵寺Ⅱ遺跡であり、いずれも三〇％台となっている。

(二) 遊動と石材消費

ここで対象としているのは、黒曜石を主要石材とする白滝石器群の樽口遺跡を除き、珪質頁岩を主要な石材とする遺跡である。この珪質頁岩は最上川中流域など東北南部日本海側で産出すると想定されることは、第Ⅳ章で述べたとおりである。本論で扱う地域では、福島県・新潟県域が最も石材産地に近く、茨木・栃木・群馬の北関東、埼玉、千葉の順に珪質頁岩の産地から遠く離れることになる。

表4には主要遺跡の石材構成を示したが、東北南部の石材産地からの距離が遠くなるほど珪質頁岩の占める割合が徐々に小さくなる傾向があることがわかる。新潟県内ではいずれも珪質頁岩が八割以上を占め、荒屋遺跡や月岡遺跡ではほぼ一〇〇％が珪質頁岩であるのに対し、群馬県の大雄院前遺跡では珪質頁岩ではなくチャートが第一石材となっている。おなじ群馬県の八ヶ入遺跡ではチャートや黒色頁岩が一定の比率を占め、剝片剝離を示す接合資料が得られている。また、大網山田台No.8遺跡、木戸場遺跡、東峰御幸畑西遺跡の千葉県域の遺跡ではいずれも珪質頁岩の比率が八割以下である。

ここで重要なのは、珪質頁岩の割合がある距離を境に劇的に変化するのではなく、距離に比例して漸移的に減少していることである。このことは、東北南部から千葉県域を遊動範囲とする集団が、珪質頁岩を主体とする細石刃石器群を残した

表4　南東北・東関東地域の北方形細石刃石器群の石材構成

No.	遺跡名	総数	第1石材		第2石材		第3石材		その他	
1	荒屋	95449	珪質頁岩	◎						
2	樽口 A-MS	1791	珪質頁岩	1671 93.3	黒色安山岩	98 5.5	珪質頁岩	22 1.2		
3	月岡	355	珪質頁岩	◎						
4	中土	79	珪質頁岩	71 89.9	黒曜石	6 7.6	凝灰岩	2 2.5		
5	正面中島	156	珪質頁岩	131 84.0	玉髄	24 15.4	緑色凝灰岩	1 0.6		
6	笹山原 No.27	9700以上	珪質頁岩	◎	凝灰岩質頁岩	◎	玉髄	○	黒曜石・凝灰岩・流紋岩	
7	八ヶ入	1665	珪質頁岩	1315 79.0	チャート	165 9.9	黒色頁岩	52 3.1	黒色安山岩など	
8	鳥取福蔵寺Ⅱ	461	珪質頁岩	◎						
9	馬見岡	471	珪質頁岩	235 49.9	黒曜石	183 38.9	黒色安山岩	53 11.3		
10	大雄院前	698	チャート	◎	珪質頁岩	○				
11	箱田遺跡群上原	183	珪質頁岩	175 95.6	黒色頁岩	7 3.8	ひん岩	1 0.5		
12	白草	1804	珪質頁岩	1769 98.1	チャート	27 1.5	黒曜石	2 0.1		
13	後野B	748	珪質頁岩	742 99.2	閃緑岩	6 0.8				
14	柏原	241	珪質頁岩	158 65.6	チャート	42 17.4	黒曜石	19 7.9	瑪瑙(19点)など	24 10.0
15	大網山田台No.8	175	珪質頁岩	123 70.3	流紋岩	30 17.1	凝灰岩	7 4.0	砂岩・粘板岩(各5点)など	15 8.6
16	木戸場	100	珪質頁岩	79 79.0	安山岩	15 15.0	砂岩	4 4.0	黒曜石2点 花崗岩2点	4 4.0
17	東峰御幸畑西	220	珪質頁岩	166 75.5	安山岩	26 11.8	砂岩	24 10.9	流紋岩・フォルンフェルス	4 1.8

※各遺跡の上の行は遺物の実数、下の行は遺物に占める割合。

◎○は石材別の点数不明のため量の多寡を示した。

とするとうまく説明できる。南東北・東関東の北方系細石刃石器群はその遊動範囲の中にある珪質頁岩産地から石材を入手し、それを携えて遊動生活を送ったというシナリオである。

旧石器時代の人類にとって最も重要な道具であった石器の石材は、その遊動ルート上にある産地で採集されることが一般的であったと考えられている。それ以外では、遊動ルートから外れた産地への石材入手目的の長距離の旅行や、ほかの集団からの交易による入手が考えられるが、実際は日常の生業活動と一体化したかたちで石材が入手されたというわけだ。このように石材産地が遊動ルートに埋め込まれている手法は埋め込み戦略とよばれている。

もし、本論で対象としている細石刃石器群が石材入手目的の旅行や交易によって珪質頁岩を入手したとすれば、産地からの距離が一定のところで石材構成が劇的に変化すると予測されるわけだが、そうした状況は確認できない。群馬県や千葉県の遺跡で確認された在地石材の補給は埋め込み戦略における石材欠乏への対処であったと考えられる。しかも、こうした在地石材による細石刃生産は非常にまれであり、石器群の石材獲得・消費の中心とはなり得なかったのである。

次に、前述した石器群の様相と珪質頁岩産地からの距離との関係を確認しよう。まず、出土石器点数、剝片類の割合は、珪質頁岩の産地に近いほど高かった。逆に、道具類の比率は産地から遠くなるほど相対的に高く、道具類の多様性は産地からの距離にあまり影響されていない。

こうした現象は、先ほどの埋め込み戦略からみてどのように考えられるのだろうか。第一に、石材産地から遠隔地では剝片類の出土点数が少ないことから、剝片剝離はさかんでなかったと考えられる。このことから、珪質頁岩は原石や荒割りの剝片などでなく、主に道具類や細石刃核母型として携帯されたと推測される。道具類の素材となる剝片や石刃などによる携帯もあっただろうが、細片や彫刻刀削片など道具製作の副産物の出土数は多くなく、これが中心とは考えにくい。

したがって、北方系細石刃石器群を残した集団は、必要に応じてそのつど道具類を製作するのではなく、あらかじめ必要な道具類を用意していたといえる。このことは長距離の遊動生活において、携帯する石器類の重量を軽くすることができるという利点があったと考えられる。また、こうした石器の運搬方法は必要な道具類の正確な見とおしがあってはじめて可能になるので、当時の生業の計画性・予測性の高さをうかがい知ることができる。

このように南東北・東関東の珪質頁岩を主要石材とする北方系細石刃石器群は非常に長距離移動に適応した石器群と考えられる。この地域には、新潟県樽口遺跡など黒曜石を主要石材とし、白滝形細石刃核をともなう石器群も知られている。樽口遺跡では黒曜石の成分分析が行われ、秋田県男鹿半島産という結果が得られている。黒曜石を石材とするものも含め、北方系細石刃石器群は広い遊動範囲をもっていたと考えられる。

旧石器時代の集団の遊動範囲については、いまだ十分に解明されていないのが現状であるが、新潟県域におけるナイフ形石器群終末の杉久保石器群では、水系ごとに主要な石材が異なることから、新潟県全域を遊動するような状況ではなかったと推測している。たとえば、阿賀野川水系の上ノ平遺跡A地点、同C地点、吉ヶ沢遺跡B地点では在地の石材が多用され、隣接する五十嵐川や加治川水系の石材はあまり認められない。したがって、その遊動範囲は、阿賀野川水系に沿った、新潟県域と福島県会津方面であったと推測され、北方系細石刃石器群よりかなり狭いと考えられる（澤田敦・加藤学「旧石器時代の自然と人間活動」『東蒲原郡史通史編Ⅰ』、二〇一二年）。

このように、北方系細石刃石器群を残した集団は、日本列島の旧石器時代において異例ともいえるほどの長距離を移動していた。そして、長距離移動に適応した軽量化された石器群と評価することが可能である。また、そうした軽量化を可能にしたのは、遊動生活における生業活動が的確な先見と計画にもとづいていたことであった。北方系細石刃石器群とは長距離移動、計画的な生業、軽量化された石器群とが有機的に結びついた、特殊化された石器群と評価したい。

4　列島のなかで

本州島の北方系細石刃石器群は、東北地方、新潟県域、北関東が分布の中心である。そして、南関東から中部・北陸地方、中国・瀬戸内地方など、円錐系の細石刃石器群の分布域においても、まばらではあるがその存在が知られている。こうした本州島の北方細石刃石器群は、シベリアを故地とし、北海道島を通じて拡散したものと考えられており、その性格を知るためには、隣接する北海道島との関係の把握は必要不可欠である。

最初に、北海道島の北方系細石刃石器群についてその変遷を概観する。次に、本州島の北方系細石刃石器群の変遷と地域性について検討を加え、その後、北方系細石刃石器群と神子柴石器群の関係の検討を通じて、日本列島東半における旧石器時代から縄文時代への移行期の動向について触れる。

(二) 北海道島における北方系細石器群の変遷

北海道島の北方系細石刃石器群は多様な削片系細石刃剥離技術を特徴とし、その変遷によって編年が組み立てられている。ここでは、寺崎康史による編年「北海道の地域編年」(『旧石器時代の地域編年的研究』、二〇〇六年)にもとづいて北海道島の様相を概観していこう。

寺崎は北海道の後期旧石器時代を八段階に区分して、第一期~第八期とした。細石刃石器群はその第四期~第八期に相当する。第四期は北海道最古の細石刃石器群で、蘭越型細石刃核を指標とする石器群と峠下型細石刃核と美利河型細石刃核を指標とする石器群がある。両者が同一遺跡で出土した今金町美利河Ⅰ遺跡、長万部町オバルベツ2遺跡、千歳市柏台1遺跡では、いずれもブロックを違えていて接合関係も確認できなかった。したがって、確証はないものの、両者は時間的な前後関係にあるとされている。

柏台1遺跡ではローカルな火山灰である恵庭a火山灰層の下から蘭越型細石刃核をともなう石器群が出土した。石器集中部にともなう炉跡から出土した炭化物七点で年代測定が行われ、一万八八三〇±一五〇~二万七九〇±一六〇年前の測定値が得られている。美利河型細石刃核を指標とする石器群については、美利河1遺跡ブロック3にともなう炭化物から一万八二〇〇±二三〇~二万九〇〇±二六〇年前の測定値が得られている。

つづく第五期には峠下型細石刃核と札滑型細石刃核を指標とする石器群が盛行した。測定値としてはピリカ遺跡D地点で一万四七七〇±八〇~一万四九八〇±九〇年前、石川1遺跡で一万三四〇

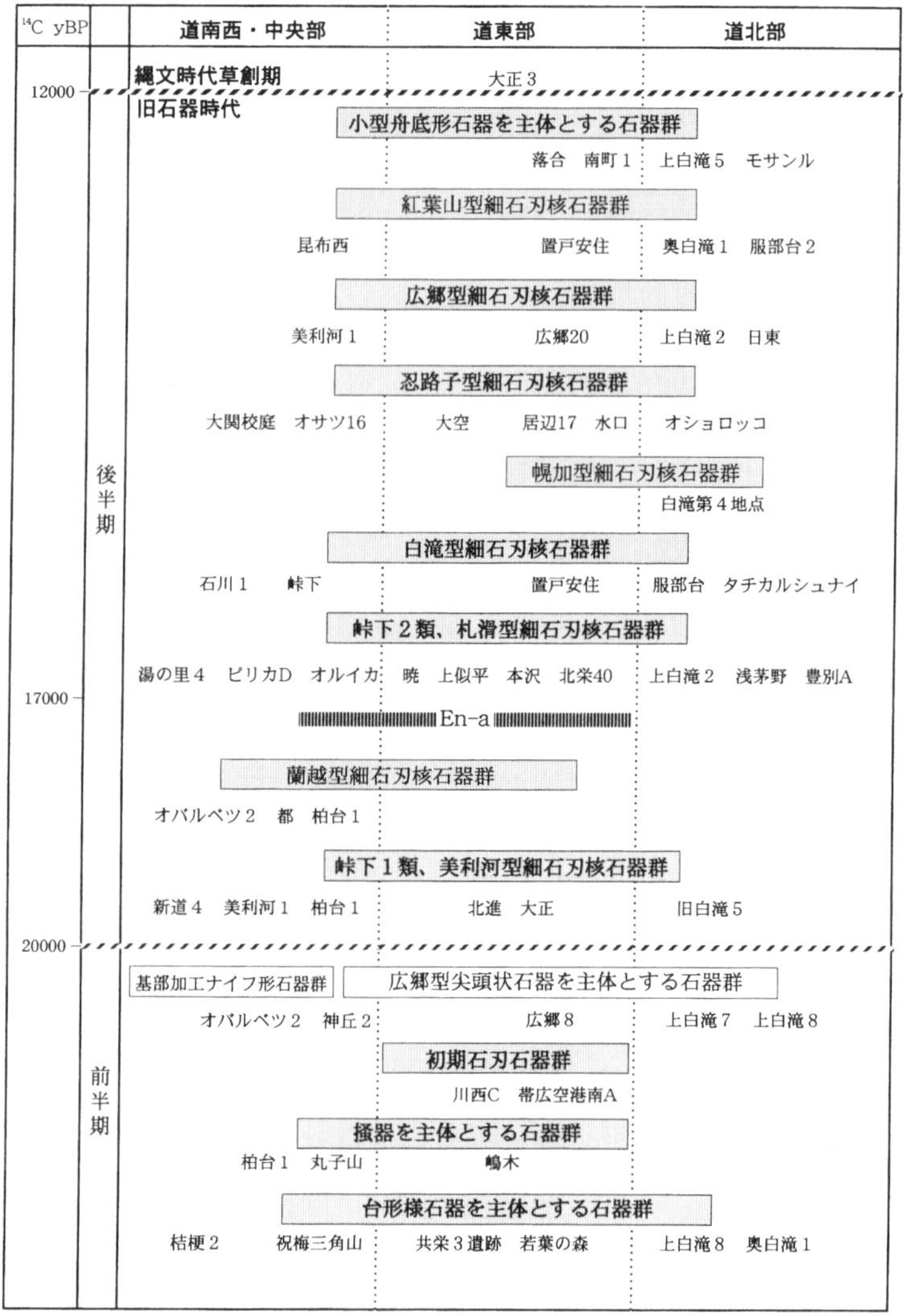

14C yBP
道南西・中央部
道東部
道北部
縄文時代草創期
大正3
12000
旧石器時代
小型舟底形石器を主体とする石器群
落合　南町1　上白滝5　モサンル
紅葉山型細石刃核石器群
昆布西　置戸安住　奥白滝1　服部台2
広郷型細石刃核石器群
美利河1　広郷20　上白滝2　日東
忍路子型細石刃核石器群
大関校庭　オサツ16　大空　居辺17　水口　オショロッコ
幌加型細石刃核石器群
白滝第4地点
後半期
白滝型細石刃核石器群
石川1　峠下　置戸安住　服部台　タチカルシュナイ
峠下2類、札滑型細石刃核石器群
湯の里4　ピリカD　オルイカ　暁　上似平　本沢　北栄40　上白滝2　浅茅野　豊別A
17000
En-a
蘭越型細石刃核石器群
オバルベツ2　都　柏台1
峠下1類、美利河型細石刃核石器群
新道4　美利河1　柏台1　北進　大正　旧白滝5
20000
基部加工ナイフ形石器群
広郷型尖頭状石器を主体とする石器群
オバルベツ2　神丘2　広郷8　上白滝7　上白滝8
初期石刃石器群
川西C　帯広空港南A
前半期
掻器を主体とする石器群
柏台1　丸子山　嶋木
台形様石器を主体とする石器群
桔梗2　祝梅三角山　共栄3遺跡　若葉の森　上白滝8　奥白滝1

図59　北海道の細石刃石器群の編年（寺崎2006）

〇±一六〇年前が得られている。第六期には白滝型細石刃核を指標とする石器群と幌加型細石刃核を指標とする石器群があるとされる。

美利河型細石刃核を指標とする石器群の一部には湧別技法が認められるとされている。したがって、湧別技法は第四期から第六期にわたって存続し、札滑型細石刃核と白滝型細石刃核とでは前者が古いとされている。

その後、第七期には忍路子型細石刃核を指標とする石器群と広郷型細石刃核を指標とする石器群が盛行する。両者は時間的な前後関係としてとらえることはできない。前者に年代測定値はないが、後者には一万六五〇〇±一二〇年前、一万六九四〇±八〇年前の測定値がある。第八期は小形舟底形石器を主体とする石器群が盛行し、小型舟底形石器は細石刃核の可能性もあるという。第七期、第八期には大型の尖頭器や石斧がともない、本州島の神子柴石器群の片鱗がうかがえるという。

(二)　本州島の北方系細石刃石器群

ここでは本州島を北東部と南西部に分けて北方系細石刃石器群の様相を記述する。前者は東北・東関東（古利根川以東）・新潟県・長野県北部、後者は西関東・中部以西である。前者は研究当初から北方系細石刃石器群の分布域とされてきた地域であり、現時点でも珪質頁岩を主体とする北方系細石刃石器群の分布域とされている。後者は、当初円錐・稜柱系細石刃核を有する石器群の分布域とされていたが、調査例の増加により北方系細石刃石器群が分布することがあきらかとなった地域である。

石器群の特徴は、細石刃剥離技術と道具類の器種組成、石器群の技術構造などから知ることができる。技術構造とは、石器群における道具類と、その素材となる剝片を生産する剝片剝離技術との関係である。永塚俊司は「細石刃生産システムとその工程分割・遺跡間連鎖―中ッ原1G地点・5B地点の分析から―」(『中ッ原第1遺跡G地点の研究Ⅱ』、一九九六年)において、湧別技法などでは細石刃核やその母型の調整剝片を荒屋型彫刻刀や掻器などの素材とし、そうした細石刃剝離技術と素材生産とが一体となった技術構造を「連動システム」とよんだ。ここでは、細石刃剝離技術の調整剝片を道具類の素材として利用せず、石刃技術などの細石刃剝離技術以外の剝片剝離技術から剝離された剝片を道具類の素材とする技術構造を「非連動システム」とよぶ。

本州島東北部の北方系細石刃石器群　図60は本州島北東部の北方系細石刃石器群を出土する遺跡の位置図である。本州島東北部には珪質頁岩を主要な石材とする札滑石器群と、黒曜石を主要な石材とする白滝石器群など削片系の湧別技法をもつ石器群と、幌加技法を主体とする石器群とが知られている。

札滑石器群は、前項で紹介した荒屋遺跡や新潟県・福島県・北関東・千葉県域の遺跡のほか青森県大平山元Ⅱ遺跡、同丸山遺跡、秋田県下堤D遺跡、山形県角二山遺跡、越中山遺跡などでまとまった資料が出土している。

なかでも山形県角二山遺跡は、採集品を含め五七〇〇点を超える遺物が得られており、東北地方を代表する札滑石器群の遺跡である。おもな道具類は細石刃一二一二点、彫刻刀二九点、掻器三二点、錐器二点、礫器一二点などである。また、細石刃核九点、ファースト削片一三点、スキー状削片一八点などの細石刃石作技術関連の石器が出土し、良好な接合資料も得られている。

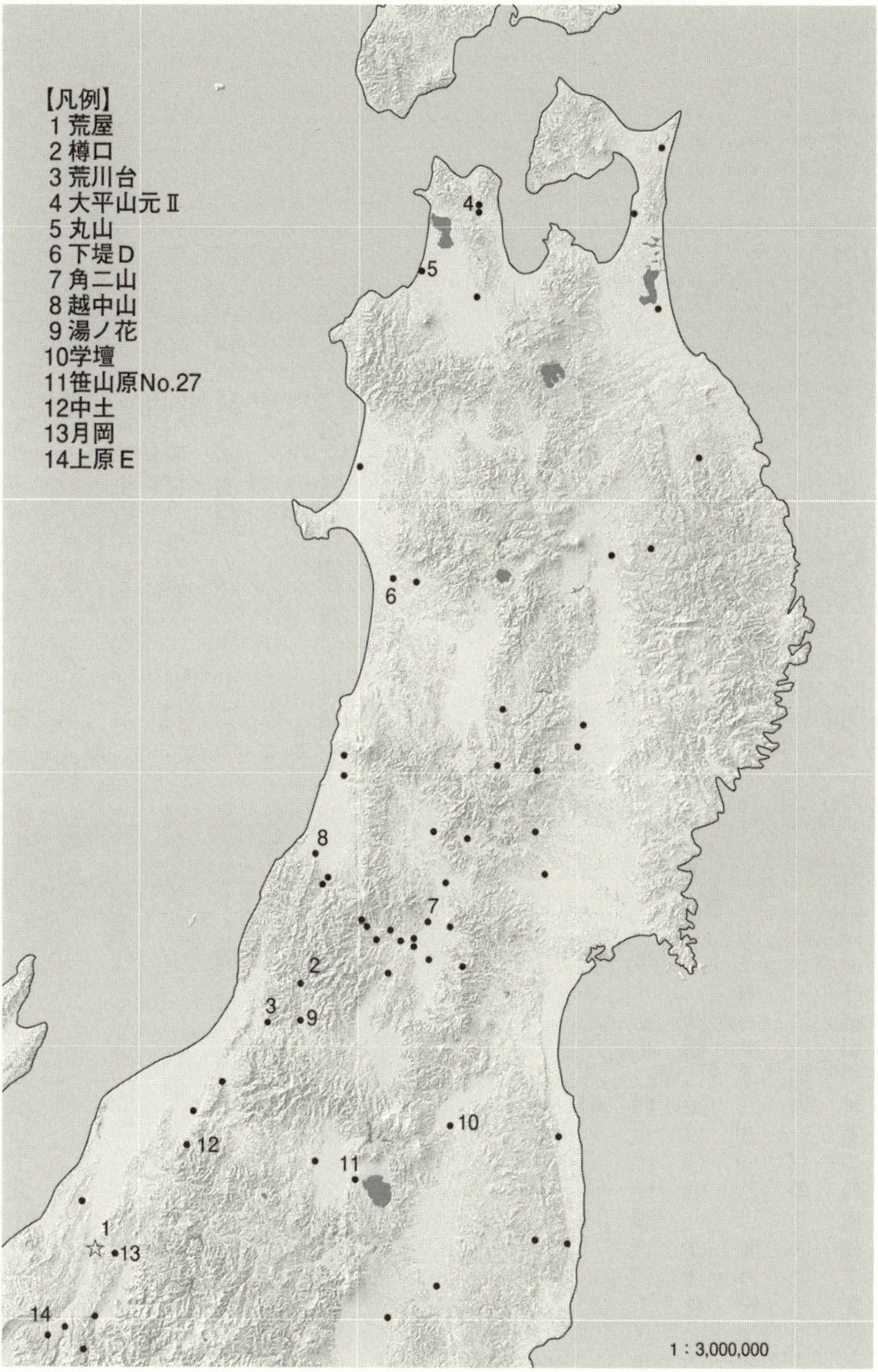

図60　東北日本の北方系細石刃石器群関連遺跡

る。図61・1は細石刃剝離工程を示す接合資料である。大型の剝片を素材とし、細石刃核の下縁となる部分に調整を加え、上部の細石刃核打面側にはほとんど調整を加えずに削片が剝離されている。図61・2は細石刃核母型で両面体から削片が剝離されたものである。これらの資料は湧別技法を示すものと考えられるが、図61・1は細石刃核母型が両面体とならないものがあることを示す。図61・3は円錐形の細石刃核である。角二山遺跡ではこの資料を含め二点の黒曜石製の円錐形の細石刃核が出土している。このように、角二山遺跡の細石刃技術は代表的な札滑石器群のそれとされながら、やや特異な様相が認められることを確認しておこう。

道具類では、彫刻刀は図61・4に代表される荒屋型を基本とし、掻器は周辺加工のものが多く、図61・5のように基部を作り出した形態が特徴的である。図61・6の錐器の形態も北方系細石刃石器群特有のものである。

角二山遺跡は札滑石器群の技術構造についてきわめて重要な知見をもたらした。桜井美枝は、同遺跡出土石器群の湧別技法関連の接合資料図61・7と、道具類・剝片の属性分析から、湧別技法における石核母型の調整剝片が道具類の素材として利用されていること、つまり連動システムが技術構造の根幹をなしていることをあきらかにした（桜井美枝「細石刃石器群の技術構造―山形県角二山遺跡の分析―」『加藤稔先生還暦記念東北文化論のための先史学歴史学論集』、一九九二年）。

角二山遺跡で認められた荒屋型彫刻刀・周辺加工を中心とする掻器、錐形石器の器種組成、連動システムを基盤とする技術構造は、本州島東北部の札滑石器群で広く認められる。

白滝石器群は、山形県湯ノ花遺跡、新潟県樽口

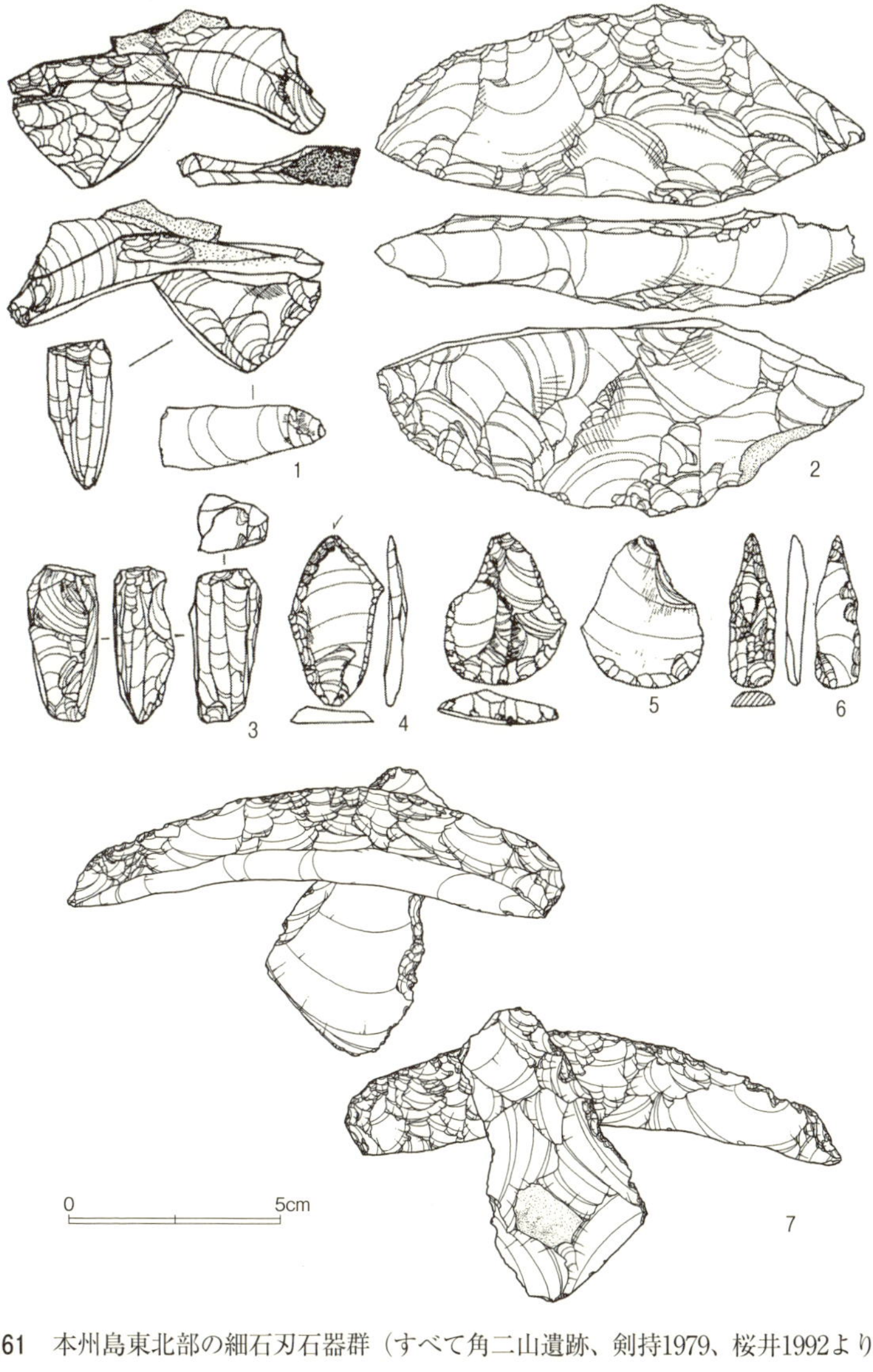

図61　本州島東北部の細石刃石器群（すべて角二山遺跡、剣持1979、桜井1992より）

遺跡、同上原E遺跡が知られている。樽口遺跡では細石刃、円形掻器、掻器、削器や両面加工尖頭器など五四四八点の遺物が出土した（図57上）。一六点出土した細石刃核はすべて黒曜石製で、打面に擦痕が認められるものが大半である。細石刃剥離技術に関する良好な接合資料があり、また、細石刃核・母型調整剥片が道具類の素材となる状況は認められず、技術構造は非連動システムであったと考えられる。

上原E遺跡では白滝型細石刃核のほか幌加技法による舟底形の細石刃核も出土している（図57下）。黒曜石製の細石刃核の打面には擦痕がある。石器組成では細石刃核・彫刻刀・掻器などのほか、尖頭器、刃部の一部に研磨痕が認められる石斧状の石器などが出土しており、縄文時代草創期的な要素が認められる。技術構造は非連動システムである。

本州島南西部の北方系細石刃石器群　本州島南西部では長野・岐阜県域の中部高地、東京・神奈川など関東南部に北方系細石刃石器群を出土する遺跡のまとまりがある。また、中国山地の恩原遺跡で良好な石器群が確認され、山陰地方で断片的ではあるが北方系細石刃関連の遺物が出土している。北東部の遺跡と異なり、これらの遺跡では東北産の珪質頁岩を主要石材とせず、黒曜石、凝灰岩、チャート、瑪瑙《めのう》などの在地石材を利用している。石器組成では両面加工尖頭器や石斧など縄文時代的な要素が認められる遺跡もある。また、技術構造では連動システムではなく非連動システムの遺跡が多い。

長野県中ッ原第5遺跡B地点（図62・5〜7）・同第1遺跡G地点は湧別技法をもつ削片系の細石刃技術の遺跡で、矢出川遺跡と同じ野辺山高原に位置し、両地点の間で接合する石器が確認されて

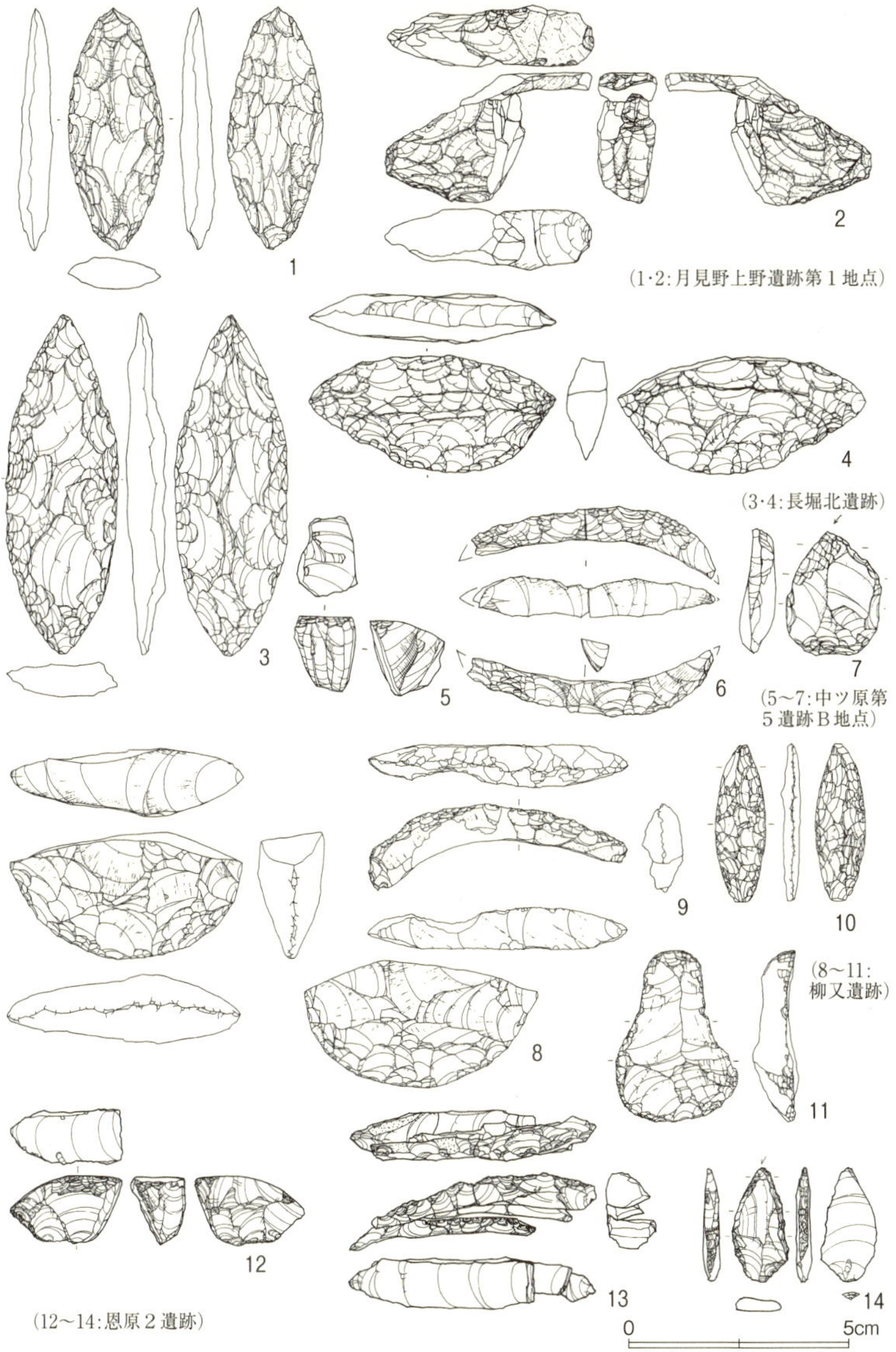

図62　本州島南西部の細石刃石器群

いるため、同じ集団によって残されたものと考えられる。細石刃・細石刃核・同母型・同削片・彫刻刀・掻器・礫器など石器組成も共通する。石材構成は、第5遺跡B地点では緑色チャートが約半分、黒曜石が約三割、第1遺跡G地点では黒曜石が九割を占める。

御岳山麓には長野県柳又遺跡A地点・C地点、岐阜県池ノ原遺跡などの遺跡が集中する。柳又遺跡は湧別技法による削片系細石刃技術と幌加技法による細石刃技術の遺跡である（図62・8～11）。石器組成は中ッ原遺跡とほぼ同様であるが、両面加工尖頭器（図62・10）をもつ点が異なる。石材はA地点でチャートが約六割、黒曜石や下呂石が一割強である。

岐阜県宮ノ前遺跡は白滝型細石刃核を有する湧別技法の遺跡で、細石刃核・同削片・掻器などのほか、両面加工尖頭器を組成する。石材は下呂石、チャートなどである。

南関東では東京都狭山B遺跡、神奈川県月見野上野遺跡第1地点（図62・1、2）、勝坂遺跡D地点、長堀北遺跡（図62・3、4）が知られている。いずれも削片系の細石刃技術の遺跡で、細石刃・細石刃核・同削片などにくわえ、三遺跡すべてで両面加工尖頭器、月見野上野遺跡で磨製石斧が出土している。さらに、月見野上野遺跡、勝坂遺跡では土器が出土している。

岡山県恩原1遺跡、同2遺跡（図62・12～14）は北方系細石刃石器群の分布域から遠く離れて位置し、湧別技法による細石刃技術を持つ。1遺跡では細石刃・細石刃核母型・細石刃核削片、彫刻刀など、2遺跡では細石刃・細石刃核・同母型・同削片・彫刻刀などが出土した。石材は山陰地方で産出する瑪瑙・玉髄が約九割を占め、頁岩・黒曜石はいずれも五％前後である。技術構造は連動システムを基本とするようだ。

こうした石器群の様相から、多くの研究者が、北方系細石刃石器群は北海道島からいったん本州島北東部に定着した後、南西部にその居住域が広がったと考えている。吉井雅勇は北海道島から東北部への波及を第一次波及、中部日本以西への波及を第二次波及とよんだ（吉井雅勇「中ッ原第5遺跡B地点における細石刃剝離技術について」『中ッ原第5遺跡B地点の研究』、一九九一年）。また、恩原遺跡群を調査した稲田孝司は、その石器群のあり方を東北地方を故地とする集団が移住した「植民」を示すものと解釈している（稲田孝司『遊動する旧石器人』、二〇〇一年）。

（二）細石刃石器群の変遷

本州島の北方系細石刃石器群には多様なあり方が確認されるが、これらのバラエティはどのような年代的位置づけが想定されるのだろうか。また、北方系以外の円錐形・稜柱形などの細石刃核をともなう石器群との関係はどうだろうか。

まず、円錐・稜柱系石器群と北方系細石刃石器群とでは、前者が古いと考えられている。これは相模野における層位的変遷や柳又遺跡A地点の層位的出土例が根拠とされている。

一方、本州島東北部の北方系細石刃石器群は札滑石器群から白滝石器群へと変遷し、幌加型細石刃核を主体とする石器群は白滝型と同時期もしくは後続すると考えられている。層位や放射性炭素年代の根拠はないが、北海道島の変遷や白滝石器群で両面加工石器群や石斧など縄文時代草創期的な石器群が出土している点がその根拠となろう。技術構造では、札滑石器群は連動システム、白滝石器群は非連動システムとなることから、連動から非連動という変遷が想定される。

ただし、問題点もある。白滝型細石刃核は黒曜石製で打面に擦痕があることをもって認識されているため、札滑石器群と白滝石器群の認識が使用石材に起因している可能性を否定できない。大局的な変遷観は妥当といえるが、個々の遺跡の位置づけにおいてはこうした可能性を考慮する必要があるだろう。

本州島南西部においても稜柱・円錐系石器群が古く、北方系石器群がこれに後続する。この地域の北方系細石刃石器群は北海道からいったん東北部に定着したものが波及したものと考えられていることは前述したとおりである。この間の時間差・段階差をどの程度に見積り、東北部と南西部をどのように対比させるかが問題である。

まず、中部地方の中ツ原遺跡を白滝石器群併行とするか札滑段階に併行するとみなすのか、先ほど指摘した石材とのかかわりを考慮しながら検討する必要があり、悩ましい。同じ中部地方の柳又遺跡や宮ノ前遺跡、南関東の削片系細石刃石器群は両面加工尖頭器、石斧などをともなっており、東北部の白滝石器群と併行すると考えられる。恩原遺跡群は荒屋型彫刻刀、角二山型掻器の存在や連動システムを主体とする技術構造など、共通点の多い東北部の札滑石器群と近い年代が与えられる。

(三) 神子柴石器群と細石刃石器群

放射性炭素年代測定の結果によれば、北方系細石刃石器群は約一万八〇〇〇～一万五〇〇〇年前、神子柴石器群は約一万七〇〇〇～一万五〇〇〇年前とされた。両者はかなりの期間共存していたことになり、樽口遺跡、上原E遺跡、宮ノ前遺跡など白滝石器群や、月見野上野遺跡第一地点、長堀北遺跡、勝坂D遺跡などで共伴する両面加工尖頭器や石斧、土器（長堀北遺跡では土器は出土していない）は、併行関係にある神子柴石器群の要素と解釈することができる。

従来、細石刃石器群、神子柴石器群とも北方に起源があり、細石刃石器群が大陸から波及した後、しばらくして神子柴石器群が波及したと考えられてきた。しかし、そのルート上の北海道島では神子柴石器群の遺跡は明確でなく、波及を跡づけるにはほど遠い状況である。両者が一定期間重複するという新たな枠組みから、なんらかの解釈はできないのだろうか。

近年では、細石刃石器群と神子柴石器群の併行を認める研究者は少なくない。安斎正人は「「神子柴・長者久保文化」の大陸渡来説批判―伝播系統論から形成過程論へ―」（『物質文化』七二、二〇〇二年）において、神子柴石器群を在地集団が北方系細石刃石器群を残した集団との接触の結果、大型の尖頭器や石斧を製作するようになったものと評価している。藤野次史は『日本列島の槍先型尖頭器』（二〇〇四年）において、神子柴石器群と先行する先頭器尖頭器石器群の尖頭器製作技術に連続性を見出している。藤野は神子柴石器群は大陸起源ではなく本州島の尖頭器石器群から連続的に変化して生じたとすると同時に、本州島北方系細石刃石器群にも神子柴石器群からの影響が認められるとする。

荒屋遺跡のある新潟県域では、神子柴石器群とそれに先行する尖頭器石器群の石器製作技術に連続性が認められる。神子柴石器群と考えられる上ノ平遺跡C地点、吉ヶ沢遺跡B地点、尖頭器石器群の真人原遺跡A地点・C地点などの遺跡には両面加工機技術による石刃製作が認められるが、その剝離手順や石刃剝離のための打面の作り方に共通点が認められる。また、神子柴石器群特有の大

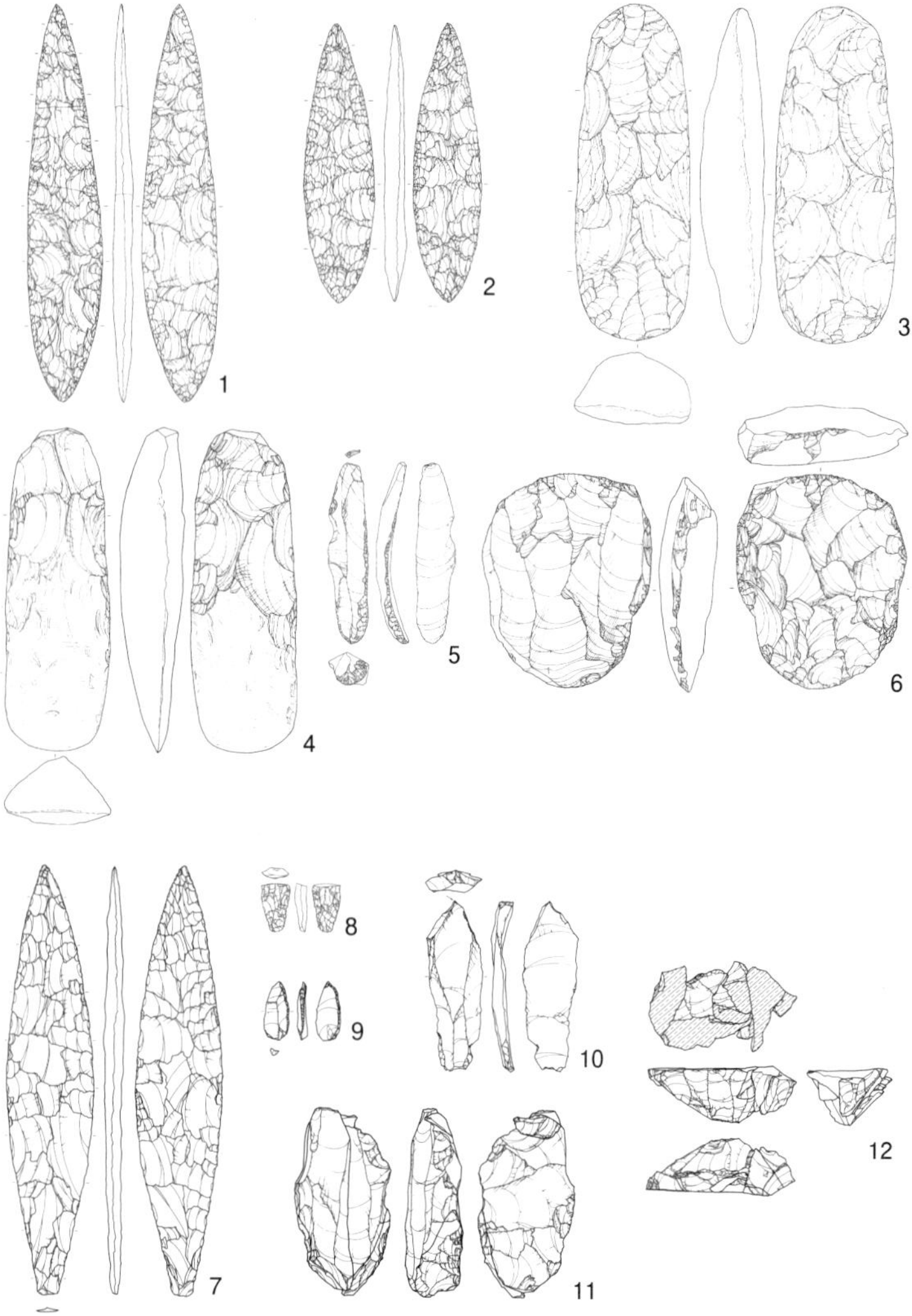

図63　神子柴石器群の石器　S：1/5（1～6、8～10）1/6（7、11、12）
1～6：長野県神子柴遺跡　7～12：新潟県上ノ平遺跡C地点

型の両面尖頭器や石斧の製作技術も先行する尖頭器石器群にその要素を認めることができる（沢田敦「本州島中央部日本海側における後期旧石器時代終末から縄文時代初頭の石器製作技術」『新潟考古』二四、二〇一三年）。

したがって、神子柴石器群は先行する尖頭器石器群に起源を求めることができ、列島で自生した石器群と考えられる。さらに、隆線文土器をともなう石器群にも石刃素材の道具類が少なからず認められる。新潟県十日町市久保寺南遺跡は隆線文土器でも古い段階の遺跡で、石刃技術を示す良好な接合資料が得られているが、その様相は上ノ平遺跡や吉ヶ沢遺跡の石刃技術に類似し、尖頭器石器群から神子柴石器群へと連続した石刃技術を受け継いだものと考えられる。

このように本州島の石器群には、尖頭器石器群から神子柴石器群、さらに古い段階の隆線文土器にともなう石器群という変遷が認められ、北方系細石刃石器群はその流れの中に貫入した存在である。したがって、大局的には、本州島在地の集団が尖頭器石器群から連なる在来の石器群を残し、北方系細石刃石器群は北海道から流入してきた集団が残したものと考えられる。

本州島の北方系細石刃石器群には、細石刃技術に北海道と連動した変遷が認められるが、石刃技術を欠落するなど異なる点もある。北方系細石刃石器群集団自身は、北海道を拠点とする集団との接触を保ちながらも、本州島を主要な遊動範囲として生活し、子孫を残しつづけたことになる。その間には本州島在地の集団との接触が少なからずあったと考えられる。

荒屋遺跡で出土した両面加工尖頭器は、そうした接触の機会をつうじて在地集団が保有していた石器を模倣した可能性がある。荒屋遺跡の編年的位置づけは、連動システムなど古い要素と、両面加工尖頭器という新しい要素が見られることから、札滑石器群の新しい段階から白滝石器群の古い段階あたりと考えられる。

荒屋遺跡の時代は、まさに日本列島における後期旧石器時代から縄文時代への移行という大きな時代の境目であった。この変化は氷期から温暖期への環境変化に対する人類の適応の過程と評価することができるが、そうした適応過程におけるヒトの具体的な行動を知るうえで、北方系細石刃石器群はきわめて重要な位置をしめるとともに、石器群すなわち道具の変化に大きなインパクトをもたらした。荒屋遺跡はそうした時代の変化が刻まれた、その時代の変化を象徴する遺跡の一つなのである。

5　地球のなかで

(一) シベリアの細石刃石器群

加藤博文によれば、シベリア最古の細石器は未較正測定年代で約三万年以前の後期旧石器時代前半期初頭にまでさかのぼり、西シベリア南部アルタイ山地のウスチ・カラコル遺跡、カラ・ボム遺跡、バイカル湖周辺のマカロヴォ4遺跡、ホティク遺跡、カーメンカI遺跡などがあるという（加藤博文「シベリアにおける細石刃石器群―北方狩猟民の適応戦略として」『旧石器考古学』七二・七三、二〇〇九・二〇一〇年、旧石器文化談話会）。しかし、この時期のすべての遺跡に細石器が顕著にともなうわけではなく、技術的に装備されるが、状況に応じて使用されたものと評価している。

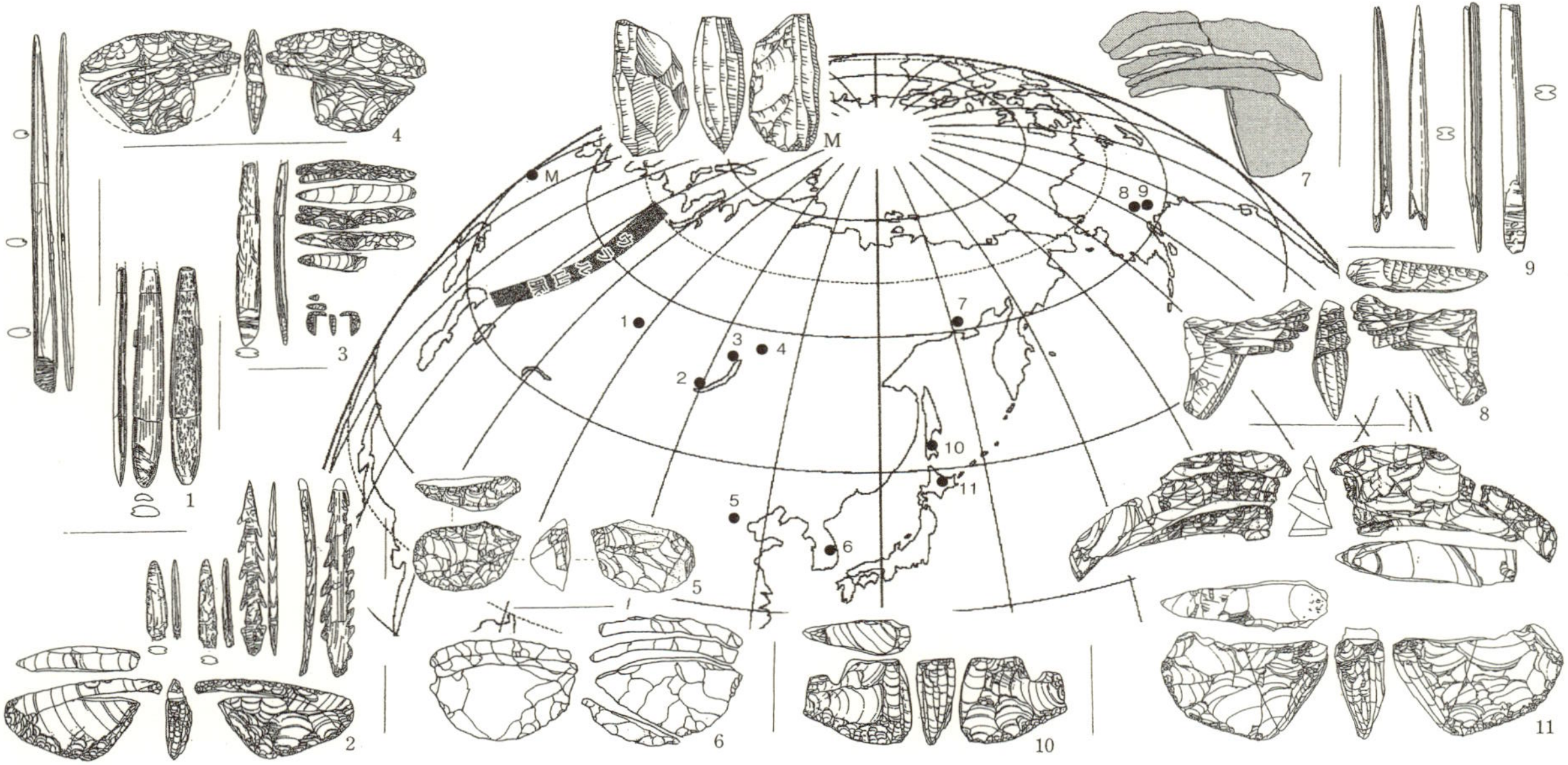

図64 東北アジア〜北アメリカに広がる楔形細石核をともなう細石刃石器群（湧別技法と植刃器に関する主な資料を例示、木村2010）
1：リストヴェンカ　2：ヴェルホレンスカヤ・ガラー　3：クールラ　4：ボリショイ・ヤーコリ　5：虎頭梁　6：垂揚介　7：ドルチャク・ヴェトレンヌィ　8：ドレイル・クリーク　9：ドライ・クリーク　10：ソコル　11：白滝・幌加沢　M：ピスト・ヴィツェ２（「蘭越」型細刃核に類似）

加藤によれば、シベリアにおいて細石刃が装備の中核となるのは、最終氷期最寒冷期のことである。未較正の測定値で約二万三〇〇〇～一万八〇〇〇年前の年代が得られている。そして、この時期の石器群には地域差が認められて一様ではないため、集団の移動ではなく各地域における環境適応の結果と考えられるという。

木村英明は『シベリアの旧石器文化』（一九九七年、北海道大学図書館刊行会）で、マリタ遺跡群にみられる剝片剝離技法を石刃技法から細石刃技法への変化を示すものとして紹介している。木村によれば最終氷期最寒冷期へと向かう約二万三〇〇〇年前頃（非較正年代）のものであり、人類とマンモス動物群が遭遇した時期でもあるという。

二人の見解は、細石刃（細石器）石器群の出現過程の評価は異なるものの、細石器化が最終氷期最寒冷期のマンモス動物群を対象とした狩猟活動と深く関わると考えている点では一致している。

（二）本州島における細石刃石器群の形成

上述のシベリアにおける細石刃石器群の年代観と北海道の編年によると、北海道における細石刃石器群の出現はシベリアからそれほど遅れていないことになる。北海道における最古の細石刃石器群は柏台1遺跡など蘭越型細石刃石核をともなうものである。蘭越型細石刃核は石核短軸方向の剝離で打面を作出し、長軸方向に細石刃が剝離されたものと定義されてきたが、柏台1遺跡では接合資料により、石刃剝離が進行した石刃核から細石刃剝離に移行していることが確認された。

柏台1遺跡は約一万九〇〇〇年前とされる恵庭a軽石に覆われ、炉出土の炭化物の年代測定値で二万年以上前、暦年代較正値では二万三〇〇〇～

二万五〇〇〇年前にさかのぼるとされている。この年代は、前述のシベリアにおいて細石器化が進行した時期とほぼ同じであり、当時大陸と陸続きの半島であった北海道では細石刃化が大陸とほぼ同時に進行していたか、細石刃石器群が速やかに流入したと考えられる。

それでは、本州島の細石刃石器群はどのように生成されたのだろうか。本州島では、関東・中部以西をおもな分布圏とする円錐・稜柱系細石刃石器群が北方系よりも古いことから、その生成を自生とする説が根強くある。実際、これまで知られている細石刃石器群の最古の放射性炭素年代は、神奈川県吉岡遺跡B区の約二万年前であり、北方系細石刃の年代観よりも二、三〇〇〇年ほど古い。

その一方で、細石刃と植刃器が日本で独自に発明されたとは考えられず、大陸からの影響によって、本州島の細石刃石器群が成立したとする意見も少なくない。佐藤宏之は、新潟県荒川台遺跡の細石刃核と柏台1遺跡の細石刃核の石核調整に共通点を認め、荒川台遺跡の細石刃剥離技術である荒川台技法は、北海道の蘭越技法からの技術情報の伝達によって生成したと解釈した。荒川台技法は剝片の周縁に調整を加えた後、細石刃を剥離するもので、これまで稜柱系細石刃技術の一類型とみなされていた。近年、東北日本で類例が増加し、荒川台技法が東北一円を分布圏とする可能性が高まったことを踏まえ、佐藤は荒川台技法を北方系の技術と再評価し、本州島の稜柱系細石刃石器群の祖先とみなしたわけである。さらに、荒川台遺跡では細石刃石器群とナイフ形石器群が出土していることから、両者を共伴するととらえ、ナイフ形石器群の彫刻刀と柏台1遺跡出土の彫刻刀を類似資料とみなしている（佐藤宏之「荒川台型

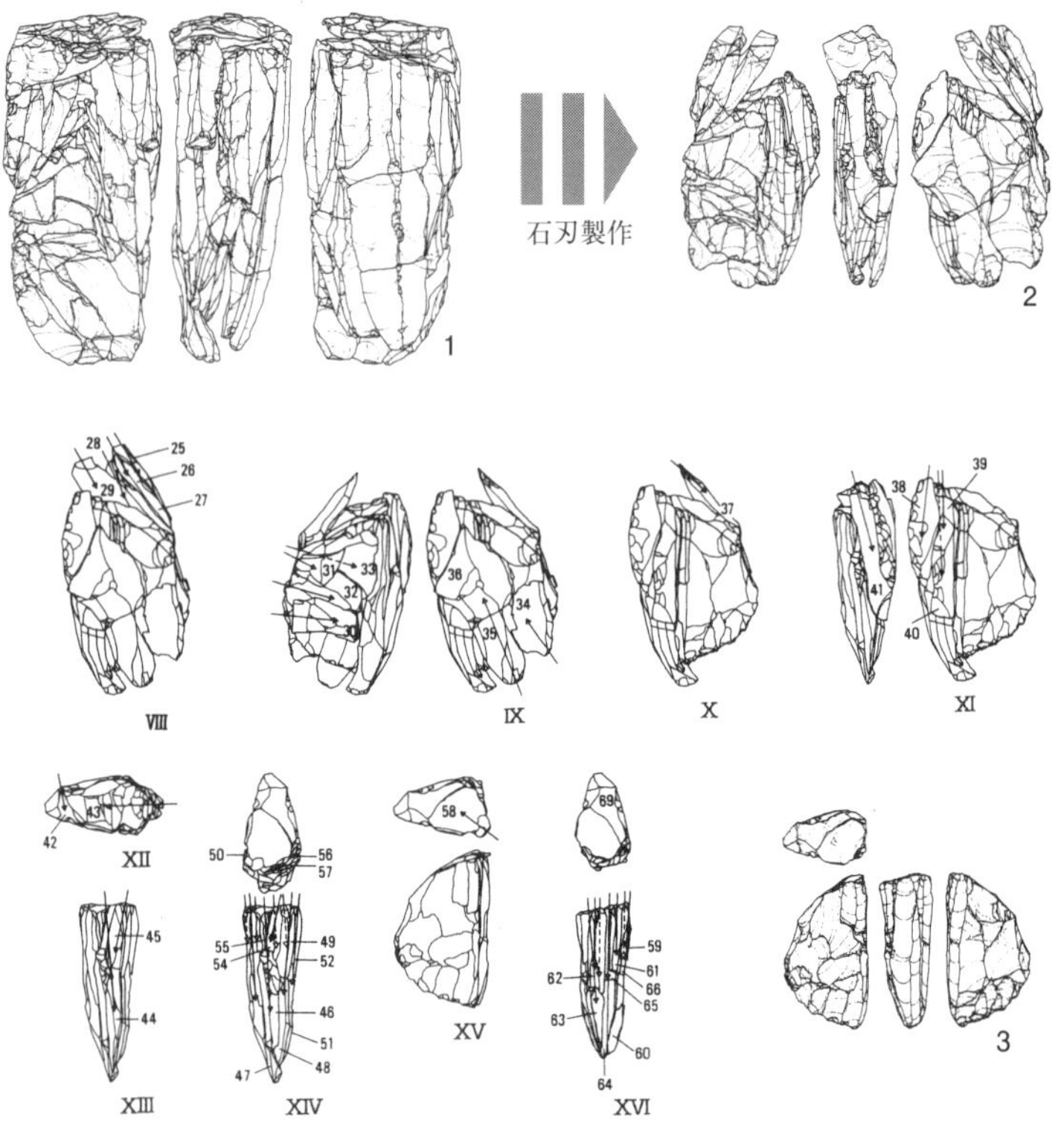

図65　千歳市柏台Ｉ遺跡の蘭越技法の接合資料（1.2＝1/8、他は1/5）
1から2で石刃が製作され、その後Ⅷ～XVIで細石刃が製作されている。3の残核は蘭越型細石刃核である。

細石刃石器群の形成と展開―〞稜柱系〟細石刃石器群の生成プロセスを展望して―」『考古学研究』第五八巻第3号、二〇一一年）。

加藤真二らは、列島の細石刃石器群の起源を中国華北地域に求める。加藤は華北地域の約二万七〇〇〇～一万七〇〇〇年前の角錐状細石刃核や舟底形細石刃核による細石刃技術が約二万五〇〇〇～二万年前頃に九州にもたらされたと考える。佐藤と同じように、加藤もまた細石刃技術の流入は人の移動ではなく技術の伝達とする（加藤真二・李占揚「河南省許昌市霊井遺跡の細石刃技術―華北地域における角錐状細石核石器群―」『旧石器研究』八、二〇一二年）。

両氏の仮説は大陸の細石刃石器群の年代にもとづいた議論で傾聴に値する魅力的な仮説であるが、問題点も多い。佐藤仮説では、東北日本の荒川台技法を出土する遺跡の放射性炭素年代や出土層位が、佐藤の年代観よりも新しいものが大半であり、佐藤が共伴とする荒川台遺跡における細石刃石器群とナイフ形石器群の共伴も他に類例は知られていない。加藤仮説も、九州の細石刃石器群でその年代観を支持する年代は得られていない。

佐藤、加藤両氏とも大陸と日本列島における放射性炭素年代測定にもとづいているが、放射性炭素年代は炭化物が測定対象のため、炭化物と石器群との共時性が問題となる。たとえば、測定対象が炉跡の炭化物なのか、自然層から得られた炭なのかで、共時性の度合いは大きく異なる。柏台1遺跡は炉跡の炭化物が測定対象で石器群の共時性は高いと考えられるが、吉岡遺跡は自然層の炭化物のようであり、石器群との共時性については慎重にならざるを得ない。つまり、議論の前提となる本州島最古の細石刃の年代についても、慎重に検討する余地がある。

また、技術情報の伝達といっても、当時は情報のみを伝達する媒体があったわけではないので、情報の伝達は、ヒトとヒトとの接触をつうじてのみ可能であった。したがって、北海道から本州島に技術情報が伝わるには、少なくとも津軽海峡を越えた集団もしくはヒトの移動があったはずであり、その痕跡として、北海道の遺跡で東北日本に系譜をもつ遺物、東北日本の遺跡で北海道の系譜をもつ遺物がなければならない。まだ発掘調査で発見されていない可能性もあろうが、これまでの調査成果の中から探し出す努力も必要である。

北海道では美利河技法を主体とする石器群とそれに後続する札滑型細石刃核を有する湧別技法を主体とする石器群に連続性を認めることができるが、両者の測定年代には三〇〇〇年ほどの間隙がある。その理由は定かでなく、この間北海道の人口が減少していたのか、それとも分析方法上の問題なのかはわからない。もし、その要因が人口減でないのであれば、北海道における札滑石器群の初源の年代が従来よりも古い年代にさかのぼることも想定されるのではなかろうか。

そして、北海道と東北日本との間での集団もしくはヒトの動きを示す現象で最も明瞭なのは、やはり東北日本の北方系細石刃石器群なのである。これまで東北日本の北方系細石刃石器群は札滑型細石刃核を有するものが中心で、比較的短い期間に残されたものとされてきた。しかし、これらの石器群では放射性炭素年代測定はほとんど行われておらず、時期幅がある可能性も否定できない。こちらも従来の年代観よりさかのぼる可能性を考えてもよい。両面体でない細石刃核母型が認められ、円錐形の細石刃核が出土している角二山遺跡などは、湧別技法だけでなく、美利河技法との関わりを検討する必要があるのではなかろうか。

現時点では筆者の上記の問題提起も十分な検証を経たわけではなく、可能性の指摘にすぎない。本州島の細石刃石器群の形成と北方系細石刃石器群との関係については、石器群の分析や放射性炭素年代をさらに積み重ねて議論する必要がある。

6 「歴史の窓」としての荒屋遺跡

本章では、遺跡・地域・列島・世界と視点を広げながら、荒屋遺跡と荒屋遺跡から出土した細石刃石器群を題材に、その背景となる人間の営みについて述べてきた。

荒屋遺跡は、信濃川と魚野川という大規模な河川の合流点というきわめて特徴的な条件に立地する。そして、日本列島の旧石器時代遺跡としてはまれな多数の遺構が確認され、出土遺物では道具類とりわけ彫刻刀の出土量が突出し、細石刃石器群はきわめて広域を遊動する居住システムをもち、その分布は北東アジアに広がり、人類の拡散、アメリカ大陸への人類の移住とも深く関わっていた。また、その存続時期は最終氷期最寒冷期から完新世にいたる長期にわたり、人類の極寒の地への適応や完新世適応と深く関わる石器群であり、日本においては、旧石器時代から縄文時代への変化に非常に大きなインパクトを与えたと考えられる。

このように視点を変えて荒屋遺跡や細石刃石器群を見ることで、人間行動から地域の環境に根ざした人びとの生活、地球規模にいたる歴史を、実感をもって垣間見ることができる。今回、こうした叙述を試みたのは、対象が荒屋遺跡だったからにほかならない。荒屋遺跡は「歴史の窓」とも言える希有な存在の遺跡なのである。

参考文献

朝日村教育委員会　一九九六　『樽口遺跡』
安斎正人　二〇〇二　「「神子柴・長者久保文化」の大陸渡来説批判―伝播系統論から形成過程論へ―」『物質文化』七二
稲田孝司　一九八八　『古代史復元1　旧石器人の生活と集団』講談社
稲田孝司編　一九九六　『恩原2遺跡』岡山大学文学部考古学研究室
後野遺跡発掘調査団　一九七六　『後野遺跡』
江上波夫・水野清一　一九三五　『内蒙古・長城地帯　第一篇蒙古細石器文化』
大塚和義　一九六八　「本州地方における湧別技法に関する一考察」『信濃』二〇―四
岡村道雄・松藤和人・木村英明・辻誠一郎・馬場悠男　一九九八　『シンポジウム日本の考古学1　旧石器時代の考古学』
織笠　昭　一九七九　「中部地方北部の細石器文化」『駿台史学』四七
恩原遺跡発掘調査団　二〇〇九　『恩原1遺跡』
加藤真二・李　占揚　二〇一二　「河南省許昌市霊井遺跡の細石刃技術―華北地域における角錐状細石核石器群―」『旧石器研究』八
加藤晋平　一九八四　「日本細石器文化の出現」『駿台史学』六〇
加藤博文　二〇〇九・二〇一〇　「シベリアにおける細石刃石器群―北方狩猟民の適応戦略として―」『旧石器考古学』七二・七三
川口町　一九八七　『川口町史』
川口町教育委員会　二〇〇二　『荒屋遺跡』

河村善也　二〇一一　「更新世の哺乳類」『講座日本の考古学　1旧石器時代（上）』青木書店
北関東細石器研究グループ　二〇〇六　「大雄院前遺跡」『第11回石器文化研究交流会―発表要旨―』
北関東細石器研究グループ　二〇〇七　「鳥取福蔵寺Ⅱ遺跡」『第12回石器文化研究交流会―発表要旨―』
木村英明　一九九七　『シベリアの旧石器文化』北海道大学図書館刊行会
木村英明　二〇一〇　「ロシアの旧石器文化」『講座日本の考古学　旧石器時代（下）』青木書店
鹿又喜隆　二〇〇三　「荒屋型彫刻刀の機能―荒屋遺跡第2・3次発掘調査資料の分析を通して―」『シンポジウム日本の細石刃文化Ⅱ―細石刃研究の諸問題―』
鹿又喜隆　二〇〇四a　「細石刃の装着法と使用法―荒屋遺跡・タチカルシュナイ第Ⅴ遺跡C地点出土資料の分析から―」『考古學雜誌』八八―四
鹿又喜隆　二〇〇四b　「定住性の高さと活動の組織化」『文化』六八―一・二
工藤雄一郎　二〇〇五　「本州島東半部における更新世終末期の考古学的編年と環境史との時間的対応関係」『第四紀研究』四四―一
工藤雄一郎　二〇一一　「旧石器時代研究における年代・古環境論」『講座日本の考古学1　旧石器時代（上）』青木書店
公文富士夫・河合小百合・井内美郎　二〇〇三　「野尻湖湖底堆積物中の有機炭素・全窒素含有率および花粉分析に基づく約25000～6000年前の気候変動」『第四紀研究』四二―一
剣持みどり　一九七九　「角二山細石刃石器群の構造」『山形考古』三―二
國學院大學文学部考古学研究室　一九九三　『柳又遺跡A地点第3次発掘調査報告書』
小菅将夫　二〇〇四　「馬見岡遺跡第12次調査（学術分）」『第一〇回石器文化研究交流会―発表要旨―』
財団法人茨城県教育財団　一九九九　『取手市都市計画事業下高井特定土地区画整理事業地内埋蔵文化財調査報告書Ⅲ』

財団法人群馬県埋蔵文化財調査事業団　二〇一〇　『八ヶ入遺跡―旧石器時代編―』
財団法人埼玉県埋蔵文化財調査事業団　一九九三　『白草遺跡Ⅰ・北篠場遺跡』
財団法人山武郡市文化財センター　一九九四　『大網山田台遺跡群Ⅰ―旧石器時代編―』
財団法人千葉県文化財センター　二〇〇〇　『新東京国際空港埋蔵文化財発掘調査報告書XⅢ―東峰御幸畑西遺跡（空港No.61遺跡）』
財団法人北海道埋蔵文化財センター　一九九九　『千歳市柏台1遺跡』
桜井美枝　一九九二　「細石刃石器群の技術構造―山形県角二山遺跡の分析―」『加藤稔先生還暦記念東北文化論のための先史学歴史学論集』
佐藤達夫　一九六〇　「ホロン・バイルの細石器文化」『考古学雑誌』四六―三号
佐藤宏之　一九九二　『日本旧石器文化の構造と進化』柏書房
佐藤宏之　二〇一一　「荒川台型細石刃石器群の形成と展開―〝稜柱系〟細石刃石器群の生成プロセスを展望して」『考古学研究』五八―三
佐藤雅一　一九八八　「周辺の遺跡」『西倉遺跡―第2次発掘調査―』川口町教育委員会
佐藤雅一　二〇〇八　「信濃川流域における縄文化の素描」『縄文化の構造変動』佐藤宏之編　雄山閣
佐藤雅一・星野洋治・石坂圭介・岡　修司　一九九四　「信濃川水系における縄文時代草創期の様相」『環日本海地域の土器出現器の様相』小野昭・鈴木俊成編
沢田　敦　二〇〇九　「遺構雑考」『新潟考古学談話会会報』三四
沢田　敦　二〇一三　「本州島中央部日本海側における後期旧石器時代終末から縄文時代初頭の石器製作技術」『新潟考古』二四
澤田　敦・加藤　学　二〇一二　「旧石器時代の自然と人間活動」『東蒲原郡史通史編Ⅰ』
信濃川ネオテクトニクス団体研究グループ　二〇〇三　「信濃川中流域における第四紀末期の河岸段丘面編年」『地球

科学』五七―三
菅沼　亘　一九九九　「北魚沼郡川口町荒屋遺跡の採集資料について―彫刻刀形石器の分析を中心に」『新潟考古』一〇
鈴木　暁　一九九九　「新潟県新発田市坂ノ沢Ｃ遺跡」『第12回東北日本の旧石器文化を語る会予稿集』
鈴木重美　一九五八　「越後川口町荒屋遺跡の発掘から」『ミクロリス』一六
鈴木牧之編撰・京山人百樹刪定・岡田武松校訂　一九三六　『北越雪譜』岩波書店
芹沢長介　一九五四　「関東及び中部地方に於ける無土器文化の終末と縄文文化の発生とに関する予察」『駿台史学』四
芹沢長介　一九五九　「新潟県荒屋遺跡における細石刃文化と荒屋形彫器について（予報）」『第四紀研究』一―五
芹沢長介　一九六二　「旧石器時代の諸問題」『岩波講座　日本歴史Ｉ』岩波書店
芹沢長介　一九七四　『最古の狩人たち』講談社
芹沢長介　一九八七　『旧石器の知識』
芹沢長介・吉崎昌一　一九五九　「アイヌ以前の北海道―北方古代文化のナゾを探る―」『科学読売』一一
高濱信行　二〇一〇　「第11図」『史跡・荒屋遺跡等整備基本構想』川口町教育委員会・荒屋遺跡等保存活用検討委員会
高原要輔　二〇〇九　「笹山原№27遺跡採集の石器」『第23回東北日本の旧石器文化を語る会予稿集』
滝沢　浩　一九六四　「本州における細石刃文化の再検討」『物質文化』三
堤　　隆　一九九七　「荒屋型彫刻刀形石器の機能推定―埼玉県白草遺跡の石器使用痕分析から―」『旧石器考古学』五四
津南町教育委員会　二〇〇二　『正面中島遺跡』
寺崎康史　二〇〇六　「北海道の地域編年」『旧石器時代の地域編年的研究』安斎正人・佐藤宏之、同成社東北大学考古学研究室・川口町教育委員会　一九九〇　『荒屋遺跡―第2・3次発掘調査概報―』
東北大学大学院文学研究科・川口町教育委員会　二〇〇三　『荒屋遺跡第2・3次発掘調査報告書』
戸沢充則　一九六四　「矢出川遺跡」『考古学集刊』二―三
長岡市立科学博物館　二〇一一　『「荒屋遺跡と旧石器文化」展示解説リーフレット』
永塚俊司　一九九六　「細石刃生産システムとその工程分割・遺跡間連鎖―中ツ原1G地点・5B地点の分析から―」『中ツ原第1遺跡G地点の研究Ⅱ』
中村孝三郎　一九六五　『中土遺跡』長岡市立科学博物館調査研究報告第7冊
中村孝三郎・小林達雄　一九八三　「月岡遺跡」『日本の旧石器文化』二
津南町教育委員会　二〇〇〇　「上原E遺跡」『平成一二年度津南町遺跡発掘調査概要報告書』
新潟県教育委員会・財団法人新潟県埋蔵文化財調査事業団　一九九六　『上ノ平遺跡C地点』
新潟石器研究会　一九九六　「新潟県中土遺跡出土遺物の再検討」『長岡市立科学博物館研究報告』三一
新潟平野団体研究グループ　一九七九　「信濃川の河岸段丘」『アーバンクボタ』一七
秦　昭繁　二〇〇七a　「珪質頁岩の供給」『縄文時代の考古学6　ものづくり―道具製作の技術と組織―』同成社
秦　昭繁　二〇〇七b　「新潟県の珪質頁岩石材環境と特徴」『第21回東北日本の旧石器文化を語る会予稿集』
林　茂樹・伊那考古学会編　二〇〇八　『神子柴 Mikosiba Site　後期旧石器時代末から縄文時代草創期にかかる移行期石器群の発掘調査と研究』信毎書籍出版センター
樋口昇一・森島　稔・小林達雄　一九六三　「長野市飯縄高原上ヶ屋遺跡」『上代文化』三一・三二
福澤仁之・斎藤耕志・藤原　治　二〇〇三　「日本列島における更新世後期以降の気候変動のトリガーはなにか?―チベット高原とWest Pacific Warm Water Poolの役割―」『第四紀研究』四二―三
藤野次史　二〇〇四　『日本列島の槍先形尖頭器』
北橘村教育委員会　二〇〇一　『銭神遺跡箱田遺跡群補遺』

水村孝行　一九七七「荒屋型彫刻器について」『埼玉考古』一六
森島　稔　一九六三「長野市飯縄高原上ヶ屋遺跡」『上代文化』三一、三二
森島　稔　一九六六「上ヶ屋型彫刻器をめぐって」『信濃』一八―四
森島　稔　一九七三「一系列文化におけるグレイバー・テクニック」『信濃』二五―四
八ヶ岳旧石器研究グループ　一九九一『中ッ原第5遺跡B地点の研究』
八ヶ岳旧石器研究グループ　一九九五『中ッ原第1遺跡G地点の研究Ⅰ』
八幡一郎　一九三五a「北海道の細石器」『人類学雑誌』五〇―三
八幡一郎　一九三五b「信州諏訪湖底曽根の石器時代遺跡」『ミネルヴァ』一―二
八幡一郎　一九三七「日本に於ける中石器文化的様相」『考古学雑誌』二六―七
大和市教育委員会　一九八六『月見野遺跡群上野遺跡第1地点』
大和市教育委員会　一九九〇『長堀北遺跡―資料編―』
山中一郎　一九八二「荒屋遺跡出土の彫器―型式学的彫器研究の試み―」『考古学論考』
山内清男・佐藤達夫　一九六二「縄縄文土器の古さ」『科学読売』一二―一三
吉井雅勇　一九九一「中ッ原第5遺跡B地点における細石刃剝離技術について」『中ッ原第5遺跡B地点の研究』
吉崎昌一　一九六一「白滝遺跡と北海道の無土器文化」『民族学研究』二六―一、日本民俗学協会編集、誠文堂新光社
渡辺　仁　一九五〇「所謂石刃と連続割裂法に就いて」『人類学雑誌』六一―三
綿貫俊一・堤　隆　一九八七「荒屋遺跡の細石刃資料」『長野県考古学会誌』五四

おわりに

筆者は、東北大学大学院在籍中に荒屋遺跡の第二・三次発掘調査に参加した。しかし、その二年後に新潟県教育委員会に就職したため、出土品の整理作業や報告書作成にたずさわることはできなかった。その後、荒屋遺跡を国史跡に指定するための範囲確認調査である第四次調査の調査担当者となり、報告書を刊行する機会を得た。

本書の執筆を依頼されたのは、筆者のそうした経歴によるのだろう。遺跡を理解する上で最も重要な成果が得られた第二・三次発掘調査の報告書作成に関わっていない筆者にとって、いささか気の重い依頼ではあったが、お役に立てればと思い引き受けることにした。しかし、筆者の筆の進みの遅さから、本書の刊行が大幅に遅れることになってしまった。企画・監修いただいた菊池徹夫、坂井秀弥両先生には心よりお詫び申し上げる次第である。

荒屋遺跡は、本州最大の北方系細石刃石器群の遺跡であり、大量で多様性に富んだ出土遺物、旧石器時代としては異例ともいうべき遺構の数々と、旧石器考古学を学ぶ者にとってたいへん魅力的な存在である。一方、その魅力は解釈の難しさの裏返しであることを思い知らされることになった。特に、遺構の形成過程や遺跡が営まれる背景となった人間活動とりわけ生業の解釈には大いに悩まされた。結果として、遺構の理解や背景となった生業については、第二・三次発掘調査報告書と異なる見解となった。いずれがより真実に近いのかは今後の研究にゆだねたい。筆者の見解は、発掘調査にたずさわった者からのささやかな問題提起と理解いただければありがたいが、こうした見解の発端となった調査での所見（所見というより感触に近いものだが）を明確に残し、伝えることができなかった責任も感じている次第である。

本書では、荒屋遺跡に対して人類史から地域史にいたるさまざまな尺度から検討を試みた。また、遺構や出土遺物に対しても、できるだけ多様な視点から検討をくわえたつもりである。最終章では、本州島の細石刃石器群の起源や旧石器時代から縄文時代への移行についても、現時点での解釈を示した。いずれも、さらなる検討が必要な問題提起としての意味合いの強いものではあるが、日本列島の先史時代を理解する上で重要な問題と考えている。一方、ユーラシア大陸の状況とりわけアメリカ大陸への拡散について触れることができなかった。

本書を草する過程で、阿子島香、岡村道雄、小熊博史、加藤学、鹿又喜隆、小菅将夫、桜井美枝、須藤隆司、立木宏明、津島秀章、橋本勝雄、吉井雅勇の皆様から有益なご教示を賜りました。また、旧川口町教育委員会、東北大学考古学研究室、長岡市教育委員会、村上市教育委員会、津南町教育委員会からは資料提供等のご協力をいただきました。記して感謝申し上げます。

なお、本書に掲載した石器の実測図は、各遺跡の報告書のものを使用させていただきました。各報告書の製作機関を以下に列記し、感謝申し上げます。八ヶ岳旧石器研究グループ、（公財）群馬県埋蔵文化財調査事業団、（公財）埼玉県埋蔵文化財調査事業団、大和市教育委員会、國學院大学文学部考古学研究室、岡山大学文学部考古学研究室、信毎書籍出版センター、（公財）北海道埋蔵文化財センター、（公財）新潟県埋蔵文化財調査事業団。

最後に、遅々として進まない原稿執筆に辛抱強くおつきあいいただき、時に叱咤激励いただいた同成社の工藤龍平さんに感謝いたします。

二〇一四年五月

沢田　敦

菊池徹夫
坂井秀弥　企画・監修「日本の遺跡」

47　荒屋遺跡《あらやいせき》

■著者略歴■

沢田　　敦（さわだ・あつし）

1964年、新潟県生まれ
東北大学大学院文学研究科博士課程後期中退
現在、新潟県教育庁文化行政課
〔主要著作論文〕
「石器のライフヒストリー研究と使用痕分析」『古代』第113号、2003年
「石刃石器群と技術組織研究」『考古学ジャーナル』560、2007年
「本州島中央部日本海側における後期旧石器時代終末から縄文時代初頭の石器製作技術」『新潟考古』第24号、2013年

2014年９月３日発行

著　者　沢田　敦
発行者　山脇洋亮
印　刷　亜細亜印刷㈱
製　本　協栄製本㈱

発行所　東京都千代田区飯田橋4-4-8
（〒102-0072）東京中央ビル　㈱同成社
TEL　03-3239-1467　振替　00140-0-20618

ISBN978-4-88621-609-0 C3321

シリーズ

日本の遺跡

菊池徹夫・坂井秀弥　企画・監修　四六判・本体価格各一八〇〇円

【既刊】

①西都原古墳群　南九州屈指の大古墳群　北郷泰道

②吉野ヶ里遺跡　復元された弥生大集落　七田忠昭

③虎塚古墳　関東の彩色壁画古墳　鴨志田篤二

④六郷山と田染荘遺跡　九州国東の寺院と荘園遺跡　櫻井成昭

⑤瀬戸窯跡群　歴史を刻む日本の代表的窯跡群　藤澤良祐

⑥宇治遺跡群　藤原氏が残した平安王朝遺跡　杉本　宏

⑦今城塚と三島古墳群　摂津・淀川北岸の真の継体陵　森田克行

---

⑧加茂遺跡　大型建物をもつ畿内の弥生大集落　岡野慶隆

⑨伊勢斎宮跡　今に蘇る斎王の宮殿　泉　雄二

⑩白河郡衙遺跡群　古代東国行政の一大中心地　鈴木　功

⑪山陽道駅家跡　西日本の古代社会を支えた道と駅　岸本道昭

⑫秋田城跡　最北の古代城柵　伊藤武士

⑬常呂遺跡群　先史オホーツク沿岸の大遺跡群　武田　修

⑭両宮山古墳　二重濠をもつ吉備の首長墓　宇垣匡雅

⑮奥山荘城館遺跡　中世越後の荘園と館群　水澤幸一

⑯妻木晩田遺跡　甦る山陰弥生集落の大景観　高田健一

⑰宮畑遺跡　南東北の縄文大集落　斎藤義弘

⑱王塚・千坊山遺跡群　富山平野の弥生墳丘墓と古墳群　大野英子

⑲根城跡　陸奥の戦国大名南部氏の本拠地　佐々木浩一

⑳日根荘遺跡　和泉に残る中世荘園の景観　鈴木陽一

㉑昼飯大塚古墳　美濃最大の前方後円墳　中井正幸

㉒大知波峠廃寺跡　三河・遠江の古代山林寺院　後藤建一

㉓寺野東遺跡　環状盛土をもつ関東の縄文集落　江原・初山

㉔長者ケ原遺跡　縄文時代北陸の玉作集落　木島・寺崎・山岸

㉕侍塚古墳と那須国造碑　下野の前方後方墳と古代石碑　眞保昌弘

㉖名護屋城跡　文禄・慶長の役の軍事拠点　高瀬哲郎

㉗五稜郭　幕末対外政策の北の拠点　田原良信

㉘長崎出島　甦るオランダ商館　山口美由紀

㉙飛山城跡　下野の古代烽家と中世城館　今平利幸

㉚多賀城跡　古代国家の東北支配の要衝　高倉敏明

㉛志波城・徳丹城跡　古代陸奥国北端の二城柵　西野　修

㉜原の辻遺跡　壱岐に甦る弥生の海の王都　宮﨑貴夫